农产品微商运营实战手册

小程序开店轻松入门

温世豪◎著

中国电力出版社
CHINA ELECTRIC POWER PRESS

内 容 提 要

如今，实体店和传统网店的经营已经步履维艰，而小程序微商正处在新的一轮创业风口，越来越多的创业者跃跃欲试。不过，还有不少人并不清楚如何搭建一个小程序商城，后续运营更是无从下手，因此项目最终极有可能成为鸡肋。本书作者在四线城市从事农产品小程序商城运营工作数年，积累了一套适合普通大众进行小程序微商创业的实操经验，在此为大家提供一个简单、实用、完整的小程序开店解决方案，让您通过小程序商城真正实现创业致富。

图书在版编目（CIP）数据

农产品微商运营实战手册：小程序开店轻松入门 / 温世豪著 . — 北京：中国电力
出版社，2020.7

ISBN 978-7-5198-4299-4

Ⅰ . ①农… Ⅱ . ①温… Ⅲ . ①农产品—网络营销—手册 Ⅳ . ① F724.72-62

中国版本图书馆 CIP 数据核字（2020）第 024651 号

出版发行：中国电力出版社
地　　址：北京市东城区北京站西街 19 号（邮政编码 100005）
网　　址：http://www.cepp.sgcc.com.cn
责任编辑：马首鳌 （010-63412396）
责任校对：黄　蓓　于　维
装帧设计：锋尚设计
责任印制：杨晓东

印　　刷：三河市航远印刷有限公司
版　　次：2020 年 7 月第一版
印　　次：2020 年 7 月北京第一次印刷
开　　本：710 毫米×1000 毫米　16 开本
印　　张：14.75
字　　数：156 千字
定　　价：69.00 元

自序
找回那个迷失的自己

  这是一个真实的场景。屋外寒风冷雨，冬天的夜晚来得特别早，虽然只是晚餐的时间，但外面已经是一片漆黑。做快递员的父亲并未准时回来，他靠着这每月五千元的薪水勉强维持着这个家庭，每天都挣扎在温饱线上，心头还有一块巨石——30年的房贷不知何时能还清。

  此时饭桌前的母亲已经有点不耐烦了，她对着还在念小学三年级的儿子说："我们先吃吧！你呀，要好好读书，以后读清华、北大，出来有工作，不要像你爸这样了。"

  "好好读书，考100分，不被人欺负！"奶奶也在一边附和着。

  小孩低着头，边吃着饭边"嗯嗯……"。

  这是当下普通民众激励后代所普遍采用的教育手法，上一代人这样教育你，现在也轮到你这样教育后一代。作为一个普通人，作为孩子的父母，每个人都希望自己的孩子能够成功，爬上金字塔的顶端，成为富商，成为领导。

  如果有人说他长大后要开一间餐饮店，甚至做一名木匠、运动员、糕点师、管道维修工，你是不是会笑他没有志气？是的，在我们现在的环境里，是肯定的，因为在我们眼里这些都是很一般的工作。

让我们大跌眼镜的是，日本第一生命保险公司近日公布了1989—2018年间日本孩子长大后最想从事的职业排行榜，榜单上日本男孩梦想的职业最多的是棒球运动员、足球运动员、学者、木匠，女孩则是餐饮店经营者、托儿所老师、糕点师、护士，其中餐饮店经营者从1997年开始连续22年登上榜首，共计24次登顶。

我们可能想不通，经济和科技如此发达的国家的孩子憧憬的竟然是如此"低端"的职业。当我们走在大街上随便问一个小孩谁是你的榜样，他们都会不约而同地说出一堆名字：爱因斯坦、比尔·盖茨、马云……

我们不甘于平庸，都想复制别人的成功之路，但往往又以失败告终。我们似乎忘记了一个人，他就是"卖油翁"。

卖油翁以纯熟的酌油技术折服了自命不凡的善射手，他深信熟能生巧，从而在细小的人生舞台上进行着精心的演绎，用今天的话来说那就是工匠精神，是一种对自己产品或服务精益求精的理念。

工匠精神是一种坚守，也是一种情怀。可是在物欲横流、金钱至上、信仰缺失的年代，人们谈论更多的是谁赚了多少钱，谁开着豪车，谁升了官。若以卖油翁为榜样，那只会为人们增加多一点谈资，因为在众人眼里他只不过是一个不思进取、不会往上爬的人，甚至是贫穷的代表，没有人会看到他身上闪烁的光芒。

如果真的是这样，我们的未来将会很可怕，构成这个社会的"细胞"，我们每一个人，都不愿意在平凡的岗位中精雕细琢而随波逐流，我们得到的只能是浮躁与迷茫。

君子爱财，取之有道，做好自己，做一个卖油翁，没必要顾虑太多的世俗眼光，无名小草还不一样可以快乐地随风起舞。普通创业者本身就没有任何天资和背景值得和别人比较，唯一能凭着他取胜的就是那颗执着的心，唯有坚持才能修成正果。

　　以上，便是我写作本书的原因之一，以期能够给那些彷徨中的草根创业者们多一些信心。

　　再者，这些年我感觉世界变化太快，世界政治和经济格局正在发生深远的变化，这一切在潜移默化中改变着每个人的生活，尤其移动互联网的影响更为明显。

　　多年前我还在经营一个 PC 端的网站，那般景象可谓如日中天。到了 2013 年之后，移动互联网以迅雷不及掩耳之势迅速普及了起来，我所做的事情也渐渐落幕。

　　对于创业者，不能指望一次创业能成就百年老店，我们能做的就是顺应时势。2017 年 1 月 9 日，腾讯正式推出微信小程序，这项技术当时让我眼前一亮，虽然我也说不准路在何方，但多年来养成的职业嗅觉让我认定这就是个机遇。

　　我有时就是这样，一旦想好就很快付诸行动，我就这样莫名地成了一个经营农产品的微商，既是生存的使然也是兴趣的落地。

　　隔行如隔山。这是一个新的平台，新的领域，对科班出身的人来说当然易如反掌，但一般人如果没有得到行之有效的指引则难以找到方向。我也经常收到各方朋友的提问，他们都不知从何入手。虽然我也还在创业路上，谈不上有所成就，但我也清楚，互联网产品更新换代速度非常快，每一项火爆的技术应用通常只能维持十来年的热度，打铁还需趁热，我觉得应该选择在行业朝阳时期而不是落幕时期去分享一些自身的经验和教训。

此为其二，以帮助那些准备行动的草根创业者，让他们少走弯路。

如今，任何一种网络创业的操作流程在网上均可查阅到，学习本身没有难度，而对我来说，难的是既要以最简单通俗的语言去说明白一件事，又要激发读者的创业激情，从而促使他们付诸行动，因此写作本书对我来说也是一个挑战。本书为纯原创内容，如有不足之处，敬请读者指正。

本书面向的读者主要是大学毕业生、待业者、个体户、小微企业主。

作　者

2020 年 2 月

前言 |

　　"微商"这个词几乎已被妖魔化，它往往和暴力刷屏、豪车炫富、拉人头、兜售暴利产品等行为联系在一起。而本书介绍的此"微商"非彼"微商"，小程序微商的"微"既指其依附微信生态链而生存，同时也指其经营规模微小。小程序微商是近几年开始流行的一种电子商务经营方式，它依托互联网巨头的移动开放平台，搭建一个独立自主的小程序销售平台，和传统电商平台相比，其最显著的特点就是去中心化和强社交属性。

　　所谓"去中心化"，简单地说就是平台方不提供统一的流量入口，每个店铺都是一个独立的销售系统，不用交月租，不用竞价排名，真正地实现"我的地盘我作主"；小程序强社交属性则表现在其入口主要集中在好友对话、社群交流等社交场景，物美价廉的商品和拥有口碑的店主会更多地被用户分享至社交圈，从而形成"一传十，十传百"的裂变式传播。

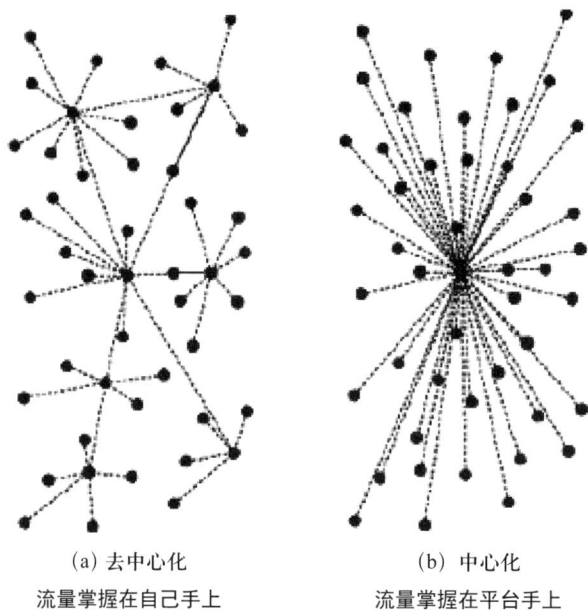

（a）去中心化	（b）中心化
流量掌握在自己手上	流量掌握在平台手上

有一种"新零售"的论调认为，未来的十年、二十年电商平台会消失，现有的电商平台将被分散，届时每个商家都拥有属于自己的网上销售平台，而不需入驻天猫、京东、亚马逊这些大型电商平台。这种说法并非毫无根据，小程序微商的兴起就是一个有力的佐证。

传统电商时代"有钱烧就有顾客"，结果出现马太效应，人气旺的商家越来越旺，人气差的商家则越来越差，形成两极分化。而小程序微商时代则是"有口碑就有顾客"，这为那些自信有较好的产品但没有足够的资金与同行竞争流量入口的创业者，提供了一个相对公平的经营环境。

对"老司机"来说创建一个小程序固然没有什么技术难度，但对于那些完全不了解如何使用小程序的创业者来说，则是"丈二和尚摸不着头脑"，以致有人参加一场激情澎湃的小程序营销会议后，高价购买了对自己毫无用途的小程序。此外，在这个信息泛滥和个人时间碎片化的时代，酒香也怕巷子深，你有好产品别人同样也有，谁能率先吸引用户眼球，那么谁将客户收入囊中的概率就越大，这就要求具备切合实际的运营策略与技巧。

笔者从事过农产品零售，接触的群体较多，对于小程序微商创业者，总结了如下几个典型的问题。

1. 杂粮批发商张老板：我生意很好，平时都忙不过来，根本就不需要什么小程序。

有这种看法的老板不在少数，有些人完全是排斥，有些人不排斥只是没时间顾及这种新事物。笔者认为没有问题，自己的生意比较好，手头上的工作都还没完成，就算做了小程序也是无心经营，最终成为摆设。

2. 房产中介小锐：我大哥被邀请去某星级酒店听了一个关于小程序的营销会议后，一时头脑发热，花了14000元买了一个小程序，主办方说如果不抓紧注册就会被他人抢占，现在购买了大半年都没使用过。

此类营销会笔者已经被邀请过多次了，五星级酒店的场地费、讲师报酬、员工差旅费用等都是一笔不菲的开支，不宰你还宰谁？做一个小程序根本花不了那么多钱，四五千都算很贵了。

3. 家庭微商林女士：我做了一个小程序店铺，产品自认为还不错，但从来没人下单，感觉搞这东西没什么用。

实体店只要位置好点，或多或少都会有主动前来消费的顾客，而做小程序微商如同在荒漠中开商店，刚开始不要指望有多少订单，需要逐步建立口碑，提高影响力，循序渐进地积累客户，要耐得住寂寞。

4.自由职业者阿正：朋友圈没什么人，推广有难度！

方法总比问题多，没有人不费吹灰之力就能爆红，创业既需要金钱，也需要人力，或是时间的投入。

5.农民合作社峰哥：我想像你这样做一个小程序卖东西，看过网上很多教程，但有些问题还是没搞懂，所以一直没做成。例如找谁买小程序？没有对公银行账户行吗？需要些什么证件？花了钱买小程序，提交代码后微信审核不通过岂不是白花钱？

做一个小程序确实有很多细节问题，在做之前必须要搞清楚。网上很多文章都是推广性质的，先让你交了钱，将生米煮成熟饭，最后出了各种各样的问题。例如，有个做糕点微商的家庭妇女，花了4800元买了一个小程序，结果发现没有营业执照而无法使用微信支付功能，导致小程序微商城无法使用。

6.刀剪厂销售经理小罗：目前小程序还不是很普及，等用的人多时我们厂也搞一个来卖刀剪。

到时肉都被吃光了，你可能又会改口："早点做就好了。"

　　本书共分十章，解答了上述诸多问题，为创业者提供一个完整的小程序微商创业思路。

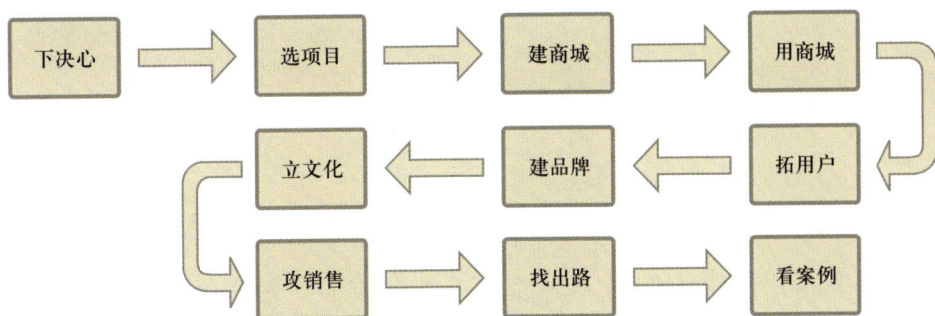

本书导读图

第 1 章：剖析你是否适合进行小程序微商创业。利用小程序从事电子商务已优势尽显，是否能突破传统的禁锢，取决于决心和行动。

第 2 章：确定创业的行业方向。详细分析多个创业领域的可行性，寻找一条适合自己的道路。

第 3 章：用最快的速度、最低的成本搭建一个小程序商城。搭建小程序商城没你想象的那么复杂、昂贵，告诉你一些很重要但又容易被忽略的细节。

第 4 章：小程序有了，如何管理商品和订单？这章告诉你如何上架商品，如何退款，如何设置客服等。

第 5 章：介绍快速获取种子用户的方法。有了小程序却没用户，创业则无法推进，我们永远都需要持续的新用户，但不存在一劳永逸的方法，这里将指导你如何获取种子用户。

第 6 章：将自己做成品牌，以增加顾客的信任度。有了产品和访问量不代表就有销售量，顾客购买商品还有多方面的考量，由于你的平台不是大平台，大家对你又不熟悉，甚至担心付款后不发货，因此建立良好的个人品牌刻不容缓。

第 7 章：人要有文化，产品也要有产品的文化。别人走高大上的路线，你可以走小而美路线，关键是要有自己的特点，不必"东施效颦"。

第 8 章：小程序上如何做好销售？销售最忌的就是急功近利，对创业者来说，要先想办法"活着"才能谈发展，要有一套适合自己的销售策略和技巧。

第 9 章：发展到一定阶段遇到了瓶颈，怎么办？出现瓶颈在所难免，但"条条大路通罗马"，想继续做下去就要适当转型，如果确实想放弃了，也要寻求最好的退出方式。

第 10 章：案例浅析，看看别人是怎样做的，取长补短。这里列出数个小程序商城案例，分析它们的优缺点，供读者参考。

目录 |

自序

前言

第1章　微商创业者的机遇......................................1

1.1　一个农村青年的焦虑...2

1.2　什么决定了个人的成败.....................................8

1.3　传统店铺生意越来越难做.................................10

1.4　移动互联网时代的草根机遇.............................14

1.5　小程序给我们带来哪些转机.............................16

1.6　微商销售平台的选择.......................................19

本章小结...24

第2章　创业项目构想..25

2.1　地方农特产配送...28

2.2　社区肉菜配送...32

2.3　私房蛋糕配送...36

2.4　水果配送...38

2.5　工厂、企业、合作社直营.................................42

2.6　"搬运工"平台...44

本章小结...46

第3章 快速搭建小程序商城 47

3.1 为什么要成为个体户 48

3.2 开通小程序商城要花多少钱 50

3.3 小程序名称设置须慎重 53

3.4 快速搭建小程序商城 58

3.5 如何简单地修改小程序版面 64

本章小结 68

第4章 商城后台管理 69

4.1 上架商品 71

4.2 订单管理 72

4.3 订阅消息 74

4.4 退款管理 76

4.5 客服系统 77

4.6 库存管理 79

4.7 配送管理 81

4.8 资讯发布 84

4.9 用户画像 85

本章小结 86

第5章 获取种子用户 87

5.1 快速将小程序分享至全部好友 88

5.2 巧用风趣搞笑小视频引流 92

5.3 加满1000个微信群 96

5.4 我的微信好友大部分来自公众号 98

5.5 小程序多模块运营 101

5.6 经营好你的朋友圈 106

5.7 不可小觑的分销拉新 ………………………… 109

本章小结 ………………………………………… 112

第 6 章　将自己做成品牌 ………………………… **113**

6.1 草根需要怎样的个人品牌 ………………… 114

6.2 小程序上的简介 …………………………… 117

6.3 不断提升产品质量 ………………………… 121

6.4 勤于撰文分享心得 ………………………… 124

6.5 打造团队形象 ……………………………… 127

6.6 利用抖音推销自己 ………………………… 130

6.7 个人品牌线下传播 ………………………… 134

6.8 个人品牌危机意识 ………………………… 137

本章小结 ………………………………………… 138

第 7 章　产品文化建设 …………………………… **139**

7.1 产品文化定位 ……………………………… 140

7.2 如何让你的产品更接地气 ………………… 144

7.3 怎样的产品会被顾客分享 ………………… 148

7.4 如何介绍你的产品 ………………………… 151

7.5 产品背后有情怀 …………………………… 155

本章小结 ………………………………………… 158

第 8 章　销售策略与技巧 ………………………… **159**

8.1 组建专业的配送团队 ……………………… 161

8.2 销售目标与销售方式 ……………………… 166

8.3 你的主打产品是什么 ……………………… 168

8.4 新产品的开发 ……………………………… 170

8.5 要不要入驻其他平台 173

8.6 巧用优惠券和"满减送" 175

8.7 "限量特价"以点带面 177

8.8 产地户外销售活动 178

本章小结 180

第9章 瓶颈、风险与出路 **181**

9.1 小程序微商的瓶颈 182

9.2 不可忽视的风险 185

9.3 小程序微商的出路 188

本章小结 193

第10章 案例浅析 **194**

10.1 农业合作社小程序商城案例 195

10.2 综合类小程序商城案例 197

10.3 同城蛋糕配送小程序商城案例 198

10.4 菜市场小程序商城案例 200

10.5 微信小店小程序案例 201

本章小结 203

附录 疑问解答集锦 **204**

后记 **217**

第 1 章
微商创业者的机遇

"

已经进入移动支付时代了，机遇就在我们眼前，但并不是每一个人都能抓住，因为我们习惯说：

"这东西对我没什么作用；

不了解，那不是我能做的；

过段时间再说吧。"

　　曾经有一份真挚的爱情摆在我的面前，我没有珍惜，等到失去的时候才追悔莫及，人世间最痛苦的事莫过于此！如果上天能给我再来一次的机会，我会对那个女孩说"我爱你"，如果非要在这份爱上加一个期限，我希望是一万年！

　　这是周星驰在电影《大话西游》中一段耳熟能详的经典台词。没错，人只有经历过失去才会懂得珍惜，只有挨过饿才会懂得节俭，也只有身陷囹圄才能领会自由的可贵。

　　这些年，移动互联网已经深刻地改变着我们的生活模式、工作模式和商业模式，面对这些变化我们很多人甚至还没反应过来，特别是个人创业者，他们的实体店、网店已经举步维艰，路几乎已经到了尽头。如今他们虽然清楚机遇就在眼前，但依然束手无策，不知从何开始，他们害怕失去这份机会，害怕在移动互联网大潮中被淹没，正如上面这段台词那样：曾经有一个很好的机会摆在我面前，但我没有珍惜，等失去的时候才追悔莫及。

　　不管过去多么的风光、多么的辉煌，请忘掉它吧，那已经是过去式。如今我们要从零开始，因为只有当你感觉到一无所有的时候，你才会真心去把握眼前的每一丝机会。

1.1　一个农村青年的焦虑

　　这是一个真实的故事。

　　尽管一个人在身陷困境时试图改变现状的欲望会很强烈，然而一觉醒来往往又发现昨日的激情早已在睡梦中灰飞烟灭。事实上，只有当你看到相同处境的人比自己更努力时，你的信念才能难以磨灭。

他想把手头这份工作辞掉，因为已经厌烦了这种如同机械人般的操作，但确实又不知道去做什么好，他真的很迷茫。

"我还能做什么？""早知不读美术了！"他总是自言自语地问自己，有时在村子里，他的自问自答会令邻居们觉得他有些歇斯底里。

画室老师？仓库管理员？

不！这正是他过去干过的工作，他觉得工资少，做起来又枯燥又没意思。

他叫杨晶，来自鱼米之乡洪湖的一个小村庄，从小就和伙伴们嬉戏在长江边，喝着长江水长大，直到工作之前都还没出过远门。

高中毕业他考上离家只有一百多公里远的一所并不入流的师范高等专科学校，学的是美术专业，这在 20 世纪 90 年代中后期并不算很丢脸的事，那时高校尚未扩招，远没有今天的高考这么容易，读个大专虽然没有本科那么体面，但村里人并不懂这些，只知道他考上了大学。他的双胞胎弟弟杨品则比他幸运多了，考上了重庆一所师范大学的本科摄影专业。尽管杨晶有点失落甚至自卑，也曾萌发过复读的念头，他觉得只是数学发挥失常，复读一年最起码可以考上本科，不过家里实在困难，他想早点出来赚钱，也只能如此了。

大专毕业后，杨晶和女友来到了广州一所私人画室做美术培训班老师。在村里人看来，这或许是一份"白领"工作，"在某某写字楼上班"是那时大学毕业生在电话里经常用于安慰父母的托词，而只有真正经历过的人才知道那不过是徒有虚名，3000 元的工资在广州还不够吃饭和租房，更谈不上什么实现理想。就这样，杨晶在广州跌跌撞撞待了六七年，先后在培训、家装、数码等行业工作过，最长的二三年，而最短的只待了一两个月。

其实我和杨晶之间并没有什么往来，直到现在我们只见过一次面，不过他的胞弟杨品和我关系密切。由于一个摄影项目的缘故，我们在一起工作和生活过。

幸运的人总是有各种幸运，不幸的人总是有各种不幸。

2006 年，杨家经历了一番痛苦的折磨，母亲查出咽喉癌，父亲的身体也很不好，面对父母数十万的高昂治疗费，杨晶显得那么渺小而又无助，父母的积蓄和自己多年打工攒的几万块加起来也只是杯水车薪。我们有时就是这样，在外面拼命打工攒钱，一旦家庭成员遇到重大疾病就会迅速返贫。

为了年迈的父母，杨晶和女友辞去了城里的工作，回到家乡洪湖市沿湖村，并裸婚成家，夫妻俩边照顾双亲边寻找可以安身立命的机会。然而事与愿违，两年时间过去了，杨晶在事业上依然毫无进展，只能靠在镇上做点小工谋生。由于婚后还要养儿育女，家庭负担越来越重，杨晶心理年龄似乎瞬间老了十几岁，日常总是显得那么焦虑不安。有段时间他习惯早上来到长江边，对着滔滔江水呐喊，以释放压力。江水的流动声可以把他的尖叫声掩盖住，如果遇到熟人还可以解释说在做晨运，要不然村里人真的以为他疯了。

然而天无绝人之路，2008 年，杨品的一个不经意提醒让杨晶在迷茫中看到了一丝曙光。

杨晶辞去广州的工作回到洪湖，一段时间里帮人做小工挖莲藕为生

杨品："你不如开个淘宝店，现在很多人在网上做生意赚了钱。"

"开淘宝店，是不是真能赚钱？"杨晶充满疑惑，虽然他也经常上网买东西，但搞不清楚网店销售的来龙去脉，他一直都不相信网上可以赚钱，"我听人说都是亏本赚吆喝的。"

"你可以去找一下豪哥，他现在淘宝卖摄影三脚架，生意做得很好。"杨品郑重其事地说。

杨晶："豪哥，就你经常提起的那个搞网站的豪哥？"

杨品："嗯，阳江的。"

杨晶："阳江在哪里，我和他又不熟，他会教我吗？"

杨品："广东。不用教，你去看看他怎么样做就行，我先和他打个招呼。"

杨品似乎不想给出太多的解释，他认定了对于这个毫无网络经验的哥哥来说，解释十遍二十遍都是徒劳的，他甚至认为杨晶一觉醒来就会失去激情，所以他希望哥哥亲自上门拜访一下豪哥，眼见为实。

2008年夏，我记不起是哪月哪日了，但清楚地记得那天天气异常炎热，我正在办公室吹风扇，一边吃着从外面流动小贩手中买来的凉粉，一边在电脑前浏览着网站，手机突然响了。打来电话的正是杨晶，他说他来到了阳江汽车总站，我去接回了他。

"豪哥，你公司就这几个人呀？"杨晶来到了我的办公室，这儿站站那儿看看，好像小孩对玩具一样充满着好奇，他根本不明白网站是如何运作的，他一直以为需要很多人手。

那时我做的网站还比较有名，时不时都搞点小新闻出来，不清楚的人都觉得是一家大公司。而公司只是"拉大旗作虎皮"而已，只有在签合同的时候才有作用，日常运作就那么五六个人，那时我既当老板又当打工仔。

"是啊！你想上网卖东西？"我回道。

杨晶："嗯，来看看你是怎么卖的。"

其实那会我也不是专职做淘宝的，只是网站有些会员需要一些摄影器材和教材，我就放到淘宝上销售，然后在网站做个链接，方便会员进入购买，交易呈现出一片热火朝天的景象。

这天我也很忙，杨晶叫我不用理他，他就在旁边看我们干活，看我们如何接单，如何打包，如何发货，一天下来我也没有教过他什么技巧和方法，但晚上他跟我说此行收获颇丰，这有点出乎我的意料。

"如果不是亲眼所见，我对上网卖东西这事还很犹豫，下不了决心。"杨晶这样说。

那天夜里，杨晶在我公司的一个小房间住了一晚，这一夜我不知道他是怎么样度过的，反正第二天不到 6 点他就起床了，说要回湖北。

杨晶回去后我们并没有怎么联系，过了一段时间我从他的 QQ 空间得知他正在网上卖一些洪湖的农特产，有莲子、莲藕、鸭蛋等，有一次他还给我寄了一包洪湖莲子来。后来杨品告诉我，杨晶那次从阳江回去之后就和妻子去学酿酒，计划在淘宝销售米酒，但由于缺少资金和经验不足而放弃了。后来才改卖农产品，是因为卖农产品既不需要经验也不需要多少资金，可充分利用当地得天独厚的资源。

杨晶看着堆满了屋子的快递包裹，终于露出了久违的笑容

就这样过去了几年，杨晶成为洪湖乃至荆州地区小有名气的农产品电商经营者，建立了自己的公司和品牌——青泥巴，他先后被授予"湖北十佳网商""洪湖十佳杰出青年"等称号，还被马云、陆兆禧等大腕接见过。有一次我在网上看到一篇报道杨晶创业的文章，他是这样说的："那一次的南下拜访，我看到了草根创业者的执着，令我下定了决心。"

1.2 什么决定了个人的成败

很长的一段时间里，我都在思考着一个问题，是哪些因素决定了一个人的成功与失败，要做到什么程度才算成功。

1989 年，我还是个小学生，班主任兼语文老师给我们布置了一道作文题——我的理想。老师、官员、医生……每一位同学都有各自的"理想"，显然这是为了完成作业而临时冒出的想法，因为那时不懂得理想究竟是什么。

我清楚地记得，我的理想是长大了当一名科学家，作文最后还不忘加上一句"好好学习，为实现祖国的四个现代化建设贡献力量"，这是那个年代语文考试作文题收尾的"必杀句"。

30 年过去了，我并没有成为科学家，同学们也没多少人实现了自己的理想，回想当初我们是何等的天真，如今我们才真正明白自己的追求是什么——生存。没错，生存，养家糊口，这不正是当下每个普通人的共同目标吗？

就在我写这本书的几个月前，有两位 90 后年轻小伙找我交流，我在我放农特产的仓库里接待了他们，他们还很年轻，前两年在广州卖鞋和包积累了一些资金，想回老家看看有什么项目可做。

小伙们年轻，非常有激情，希望能寻找一些能够拿到融资的项目。他们认为现在有钱人很多，就是没有项目，如果有好的项目随时都可以拿到几千万融资，然后运作上市或被收购。其实我也经历过年轻时的那段浮躁岁月，现在回想起来那些好高骛远的举动都是徒劳，能成为精英的人毕竟是少之又少，后来我认清了自己，不再做不切合实际的幻想。我和小伙说我只想做个个体户，做好当下，平平淡淡，我觉得目前这样挺好。

人生没有赢家，我们不必过于羡慕别人的成功，物质上的丰收可能也有精神上的贫瘠。与其随波逐流、好大喜功，不如在自己细小的领域里精雕细琢，改善现状，努力让自己和家人生活得更好，这也是值得自豪的。

而这一切的前提是你要有一颗执着的心。身为个人创业者，你没有特殊的才华，也没有优质的资源，创业肯定不会一帆风顺，在困难落魄的时候难免会心灰意冷，加上旁人泼上一盆冷水，常常会主动缴械投降，以半途而废而告终。

创业路上，打败你的往往不是你的敌人，而是你自己。小程序微商创业更是如此，这是一个全新的领域，不同于在菜市场开店，打开门就有生意，做小程序微商犹如在荒漠上开店，既可能第一个吃到螃蟹，也可能惨淡收场。你什么都不懂，这不要紧，但一定要有坚定不移的决心，不言放弃的信念，去认认真真做好每一天，才有可能成功，否则一开始就应该放弃。

　　我虽然是土生土长的农村人，但在做农特产微商之前，对各种各样的农产品并不了解，以前做网站的经验也无法复制过来，毕竟经营网站和经营农产品完全是两码事，资金更是极低地投入，就这样从发朋友圈卖红豆开始。不过我对这个项目还是充满信心，这种信心并非源自我有什么经验，或者我拥有什么别人没有的资源，而是这么多年我搞懂了一个道理——只要坚持，一定会有收获！所以这两年我虽然没有取得令人瞩目的成绩，但每天依然保持着创业的热情，我并不心急，因为很多项目往往都需要十年、八年的时间才会小有成效。

1.3　传统店铺生意越来越难做

　　不管是传统实体店还是传统网商，如今日子都不好过，症结来自哪里呢？

　　余一庆终于把他的"一庆米铺"（卖米和杂粮）关掉了，这家米铺开张仅仅 1 年 10 个月，其实半年前他就有了关店的想法，只因暂时还没找到出路，所以才勉强维持着。自己人生中开办的第一个店就这样关了，他多少有点惋惜，但是生活的重负已经压得他透不过气来，他觉得再这样下去可能连吃饭都成问题。

余一庆自初中毕业走出社会后一直在珠三角的小餐厅做厨师，妻子则在乡下带小孩，夫妻分居两地，两年前在姐姐的帮助下才来到县城开了这家只有 20 多平方米的米铺。姐姐的想法很简单，一来可以让他们有一个完整的家，二来也算为他们在城市立足找到了一个暂时的落脚点，毕竟村子里的青年人基本上都到城里来了，剩下的都是老幼病残。

刚开始他想到县城开一家早餐店，但好一点的位置租金非常高，位置不好的又没有人流，加上做早餐的前期装修以及购买设备就要投资好几万元，思来想去他还是放弃了这个念头。后来他想起了爷爷在世时和他说的一句话，"只要有人的地方就需要粮油"，没错，就开一家米铺，投入少、易操作。如此，他便和姐姐张罗了起来。

新店开张，周围很多住户都会图个新鲜，所以刚开始的几个月生意还不错，虽然夫妻俩的纯收入比不上外出打工，但显然没有打工那么奔波。然而这种好日子维持了不到一年，余一庆发现情况不对头，顾客本应积累得越来越多，而实际情况却越来越少。

尽管每月铺租和水电等开支不到 2000 元，但因为生意越来越淡，每月交了各种费用，剩下的刚够买菜吃饭。现在大儿子就读幼儿园了，每个月要七八百元，刚出生的小儿子每月也要四五百元奶粉钱，遇到小孩感冒发烧，看一次医生总要好几百块，有时候实在没办法只能刷信用卡。

余一庆关闭米铺后去帮一个承包园林工程的老板开三轮车，他觉得这样赚点工资比开店省心多了。

一庆米铺的生意为何越来越难做，以致开店不到两年就关张？我早已看出一些端倪，主要原因有如下几方面。

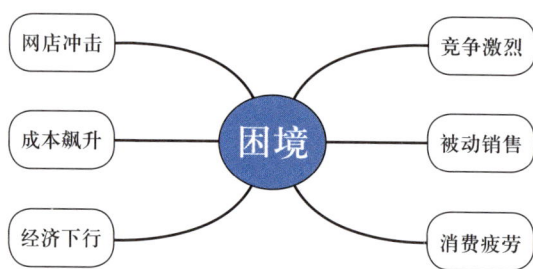

实体店铺的困境

1. 网店冲击

越来越多的消费者开始上网买米买杂粮，网络购物越来越日常化，上网买桶花生油也会顺便也买袋米，或者买个电饭锅获赠一袋米。这是一个消费的零和游戏，线上市场增长，线下市场必然会减少。

2. 成本飙升

首先是铺租昂贵，一庆米铺的铺租虽然表面上不高，但是面积小，位置偏僻，如此算来单位成本较高；其次是人工成本高，夫妻俩日夜料理一间小店，工作时间长，收益少，人均收入不如进工厂打工，如果要雇人看店则更不合算。

3. 消费疲劳

审美会疲劳，消费一样也会疲劳，再美味的食品如果经常吃的话也会吃腻，甚至越吃越觉得不好吃，消费者会进入消费疲劳状态。如果产品总是一成不变，就不能持续地引起消费者的关注，老顾客会逐渐流失。

4. 被动销售

有顾客上门就招呼，没顾客时则在店里发呆，销售完全靠"守株待兔"的方式，还停留在几十年前的经营观念上，未能运用移动互联网时代的新媒体、新工具进行营销。

5. 竞争激烈

你生意好马上就会有人复制，附近一下子开了数家米铺，导致产品同质化严重，竞争激烈。没有差异化的产品或服务，就没有竞争力，时间长了则容易被同行所淘汰。

6. 经济下行

如今许多家庭都被房地产"绑架"了，赚到的钱很大部分用于交房租、房贷，其次还有柴米油盐、医疗、教育等开支，这些都降低了人们的消费积极性，省吃俭用过日子已成常态。

1.4 移动互联网时代的草根机遇

雷军说，未来十年、二十年是移动互联网的天下，而移动互联网的浪潮又在农村和中小企业。

最近几年人们日常生活最具革命性的变化莫过于移动支付的流行，我的裤兜也很长时间没带过钱包了，不管是买菜、加油还是缴纳电费，几乎每一个消费场景都在使用手机扫码支付，我们已经感受到了这种"无现金"消费方式的便利。

对于阿里巴巴、腾讯、百度这些互联网巨头来说，谁抢占了移动支付的入口，谁就拥有了未来的市场，这就有了那激烈的春节红包大战，各自都在为争夺用户而厮杀。

移动支付时代对我们创业者又意味着什么呢？

首先，移动互联网时代的市场空间越来越大。传统的店铺受制于地理位置，经营活动范围局限在一个城市内，甚至周围一公里内。PC互联网时代的网店经营活动范围则不再有疆域，数以亿计的上网用户都可能是你的客户，这些消费群体主要是以年轻人和中年人为主。到了移动支付时代则已经人手一部手机，国内移动互联网用户数量已经超过12亿（工信部数据），就连老人和儿童都会使用手机扫码、转账、购物、点餐，人们的日常支付交易场景逐渐由线下转向了线上。在如此广阔的市场空间里面，你总能找到适合自己的位置。

其次，移动互联网的强社交属性令竞争更加理性。移动互联网时代说白了就是社交互联网时代，也是分享经济时代。过去，只要舍得烧钱投广告，很普通的产品一样可以获得较高的销量，以致那些自认为有较好产品的创业者，因为没资金购买流量而在竞争中败阵。如今，每个人的手机里面都装有各种社交 App，我们日常获取的信息很大一部分都来自社交圈子的分享，而优质的产品通常会得到更多的分享。创业者不用再担心没钱投广告，只要做好产品或服务，用户就是你的推销员。PC 互联网时代粗放的"烧钱"模式已经日渐式微，更加成熟的竞争环境正在形成，金子总会发光的，这正是我们大展身手的时候。

再者，未来 20 年移动互联网的浪潮在乡镇，一是农村的农产品要被城市人消费，二是农民自身也需要消费。过去 40 年的政策都在鼓励农民进城，促进城市的发展，特别是促进了房地产消费。如今，不管是轰轰烈烈的扶贫运动还是鼓励返乡创业，还是号召大学生下乡助农，都说明国家政策正在向农村倾斜。

过去几年我关注了多个领域的创业，尝试过自媒体，也考虑过向企业销售小程序，但最终都放弃了。从 2013 年开始我做了好几个微信订阅号，粉丝都有数万，可渐渐地发现自己没那么多精力去持续生产内容了，慢慢地觉得做自媒体没有出路，激情随之消失。对于天天要和电脑打交道的工作我已厌倦，毕竟这样的日子差不多有 20 年了。我希望改变过去这种"宅"生活，可以到处走走，呼吸下新鲜空气，做点简单的劳动，活络一下筋骨，就这样我选择了做农特产，并爱上了它。

1.5 小程序给我们带来哪些转机

我们放弃创业的理由往往是缺少盈利模式，或者存在技术上、资金上的壁垒。不必怨天尤人，机遇或大或小总是有的，而最简单不伤脑筋的创业莫过于开店卖货。

2017年1月9日，张小龙宣布微信小程序正式上线，小程序"用完即走"的理念瞬间引爆行业，一度被舆论称为颠覆性的技术创新。不可否认，小程序的确是微信的一大创举，但称其为颠覆性的技术创新则言过其实。在我看来，小程序的开发思路可能来自另外一个早已被腾讯放弃的项目Q+，Q+是一个基于QQ的第三方应用集合，由腾讯提供开放接口，开发者接入。而且小程序和2013年百度推出的"轻应用"在表现形式上也非常类似，所以在互联网产品层面，小程序其实算不上什么革命性的创新。小程序之所以能流行，很大原因是微信拥有十几亿用户，如此大的体量，就算它轻轻扇下翅膀都可能引发一场海啸。

而早在微信小程序内测期，大家并不看好小程序，认为其功能少、限制多，无法满足开发者的多样化需求，而且入口较少，更多的是把小程序看作是App的竞争对手。而实际上张小龙无意将小程序做成微信版的App，在他眼里小程序是微信连接线上线下的工具，用于盘活商业和社交，甚至成为未来物联网的连接载体。现在，我们在医院看到的充电宝租借柜就是一个很好的例子，扫描小程序二维码后即可快速实现租借，归还的时候小程序还会自动扣费。后来我们也看到，微信在不断地增加小程序的入口，这从侧面可以看出它在腾讯内的战略地位是非常高的。

对我们创业者而言，小程序会带来怎么样的创业机遇呢？

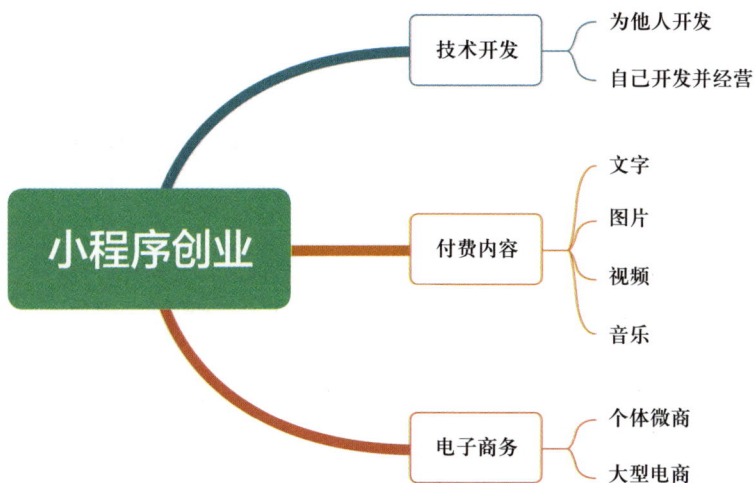

常见的几个小程序创业方向

1. 技术开发

我有一位朋友是从事小程序开发的，他开发的工具类小程序有十几款，可是发布后使用者寥寥无几，唯一一款有点创意的也很快被其他开发者模仿，结果模仿的比原创的还火爆，不过也仅是火了一段时间后就毫无声息了。小程序追求的就是小而轻巧，天生就有功能简单、使用频率低的基因，用户只有在需要的时候才会想到去使用它，正所谓"悄悄而来，轻轻而去"。作为个人而非实力团队，如果要进行小程序开发类的创业，运营门槛实在太高了，可以说是九死一生，不单单是被模仿者赶超的问题，如何变现和维持热度更让人头疼。

2. 付费内容

内容创业的思路就是生产内容（图文、音视频），吸引一批忠诚访客，再设法变现。相对于 App 或公众号，使用小程序进行内容类创业还是有很大优势的，小程序不用下载和关注，只要访问一次便在微信留有入口，创业初期获取用户的成本会低很多。但这一切的前提是必须要有优质且差异化的内容，没有内容只能是空谈，后续盈利模式其实也不明朗，不管付费模式还是广告收入都只是杯水车薪，最终还是要回到"内容＋电商"的路子上，通过内容引导购买。

3. 电子商务

小程序其实天生就是为微商而诞生的，其为移动互联网时代的买家和卖家之间架通了便捷的桥梁。对于一个买家，上网购物不需要复杂的功能，只要能解决商品展示和支付即可，小程序的低频使用、轻巧、用完即走等属性正是为微商量身定做的。微商创业的盈利模式也简单明确，无非就是卖货赚钱。

早些年微商卖货主要依靠刷朋友圈和微信群，但这种销售方式有很大的局限性，那就是好友满了就无法再挖掘新客源，就算你开小号也不可能无限增加，管理起来更是力不从心。朋友圈微商给人印象就是简单粗暴，灌心灵鸡汤、求点赞、刷屏，已被越来越多的人屏蔽。小程序则解放了微商的双手双眼，把小程序商城分享给消费者，消费者直接在小程序中通过微信支付购买，市场盘子得以扩大，工作量也减轻。

1.6 微商销售平台的选择

为什么会是小程序，而不是 H5？为什么做小程序微商，而不是朋友圈微商？为什么要自营平台，而不是入驻京东或淘宝？

微商创业，销售平台的选择很重要，就好比你要租一个商铺开小卖部一样，既要考虑地理位置还要考虑租金、面积等因素，最终才挑选出一个你认为最满意的商铺。目前微商的销售平台主要有四种，包括微店型、代理型、进驻型、自营型，每一种方式都有其优势和劣势，需结合自身实际情况，找到一个适合自己的"商铺"。

1. 微店型

基于 H5 浏览方式的移动端交易平台，典型例子就是我们熟知的微店。

这类平台的优点就是注册便捷，只要身份证即可开通，容易上手，而且提现免手续费，对于兼职微商来说确实是一个很好的选择。其最大的缺陷就是推广比较难，顾客很难找到入口，需在公众号菜单建立链接，或者由你把链接分享至对方微信，一旦对方清空记录则需要你再次分享。

无需费用，无需《营业执照》便可开通微店，但需要你向顾客提供入口链接

2．代理型

这类销售平台采用的是代理制度，你不需要出任何产品，只负责推广，卖出了产品你就能获得相应比例的佣金。

我有同学就是做这类微商，并多次邀请我加盟，不过我连自己的平台都没时间推广，就更没精力去推广别人的平台了。这类平台比较适合那些没有产品，但又想赚点零花钱，而且不用费神处理日常各类销售事务的人，既省心又省力。其劣势也很明显，没有自己的产品，顾客属于平台而不是自己的，做得再好也只是为他人作嫁衣。刚开始还能保持推广激情，时间长了人脉资源用完了，推广就会停滞，佣金就会骤减，最终虎头蛇尾。

农特产社交新零售平台"来三斤"采用的就是个人代理销售模式，
声称"只需发朋友圈就能在家创业，轻松月入过万不是梦"

3. 进驻型

进驻型是指自己有产品但是没平台，就进驻第三方平台上架自己的产品，依靠第三方的流量进行销售。

我经常收到朋友邀请进驻第三方免费平台，声称这样我的农特产会更好卖，但"免费"两个字是有代价的。有一段时间，我曾经将几种农特产进驻某平台，本以为依靠他们公众号庞大的订阅量会收获不少订单，结果发现事实并非如此，问题接踵而来：

（1）平台按月结账，回款速度慢，资金周转不灵活。

（2）卖出产品后平台需要收取一定比例的佣金，就算一时免费也不代表以后不收费。

（3）并非你放上产品就能立马收获大量订单，进驻平台的人可多了，平台不可能只为你的产品引流，反而需要你去推广产品的链接，你成了平台的免费推销员。

（4）服务上的困扰是最烦心的，有些顾客收到我分享的链接点击进入消费的过程中，经常会遇到网络繁忙、注册麻烦、退款不及时等问题，此时顾客并不是埋怨平台，而是埋怨我本人。

拼多多上的进驻商家

虽然进驻第三方平台省了自营平台的前期投入，但第三方平台并不给你导流，同样需要自己去推广，如此这般不如自建平台，与其卖力推广别人的平台，不如推广自己的平台。有些大型的第三方平台，如淘宝，虽说进驻是免费的（要 1000 元押金），但如果不购买关键词，广告订单也是寥寥无几，加上价格战等恶性竞争，新人想生存非常艰难。

4. 自营型

自建销售平台，经营者对平台拥有自主权，例如小程序商城和 H5 微商城。

H5 微商城的优势就是跨平台，在所有的 App 内都可以转发、浏览，而小程序商城则要在特定的 App 内才能使用，如百度小程序就无法在微信中打开。目前 H5 微商城移动端入口通常在微信公众号菜单，这就需要你的公众号有较大的订阅量，订阅量往往要到百万级别的才能看到销售效果，只是几万的话会去点击菜单的人其实也不多。小程序的优势在上一节中已经介绍过，它将成为未来主要的网络商业工具，据有关数据显示，目前网民人均使用小程序数量为 10 个，购物类的小程序使用量仅次于游戏类。自营型小程序购物平台的优势在于：

作者的"大八仔农品"商城就是一个自营平台，拥有充分的经营自主权

（1）入口浅，无须收藏，也无须关注，只要用户访问一次，入口就自动保存在微信小程序列表中。

（2）开店成本低，每年只要 1000 ～ 5000 元。

（3）分享商品入口至好友会在会话框生成一个尺寸较大的橱窗（小程序卡片），这种展示方式传播效果佳。

（4）拥有经营自主权而不用"寄人篱下"，只要不违法、违规，想卖什么就卖什么，上架经营范围内的产品无须平台审核。

本章小结

　　不论进行什么创业，都需要有信心和决心才能通向成功，如果觉得自己将会虎头蛇尾、三心二意，那么就不应该开始。

　　互联网风云变幻，时不待人，从事小程序微商在当下是一个很好的创业机遇，过了这个村就没那个店，既然看准就马上干，不要前怕狼后怕虎。

第 2 章
创业项目构想

"

　　你已经下决心开通一个小程序购物平台，但在项目的选择上你总是犹豫不决——有些项目很赚钱但也有很多人做，有些项目很少有人做但市场需求也不大。

　　卖什么东西好？思来想去，还是觉得适合自己的才是最好的。

为什么不是先学会搭建小程序，而是先探讨做什么项目呢？因为我认为如果项目规划好了，就更有冲动去搭建小程序，而项目都没考虑好就研究如何搭建小程序，就如同你还没确定去什么地方旅游，却已经在纠结坐车还是坐飞机。

看到别人利用小程序开店做得风生水起，你是不是已经蠢蠢欲动，但又找不到方向，不知道做什么好？这的确是一个很头疼的问题，很多朋友到了这一步就被难住了，想了几个星期、几个月都没想出个结果来。如果你硬要问我这个问题，那么很抱歉，我也不能为你做主，我也仅仅只能为自己找到一条适合自己的路子。

不过凡事都有规可循，只要清楚自身的优势，再参考一些别人的做法，其实你很快就能确定创业的方向。

是不是什么最赚钱就做什么？是不是当下流行什么就跟着做什么呢？答案是否定的。适合别人的不一定适合你，选择项目需把握三个要素：兴趣、资源、启动资金。

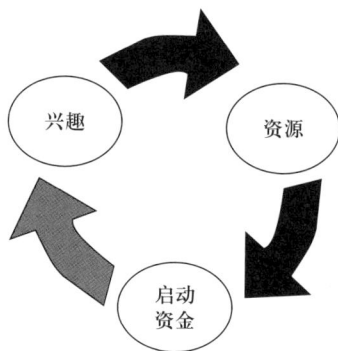

草根创业选择项目的三要素

兴趣是一切创业的动力。也许有朋友认为，有钱赚就行，管它有没有兴趣。问题关键在于，没人敢保证创业一定能成功，也不敢保证一定能赚钱，如果既不赚钱又没兴趣，这样的创业会变得很糟糕。做一行必须爱一行，只有对某一行保持浓厚的兴趣，创业的激情才不至于在各种困难挫折中消耗殆尽。我当初做农产品就是从兴趣出发的，我是个土生土长的农村人，对农村的土特产品有浓厚的乡土情怀。

　　资源不是必需的，但拥有资源可以让创业事半功倍。资源主要包含工作经验、产品资源和客户资源。如果你拥有其中某一种资源，那么选择创业项目的时候就应该首先考虑这种资源对应的行业。

　　工作经验是所有资源中最珍贵的，其他资源都可以在短时间内获得，但是工作经验需要数年甚至数十年的积累。人不是万能的，不可能样样精通，创业的项目如果能对得上自己的工作经验，那么就可以轻车熟路。比如，我之前是做互联网方面的，所以再次创业我就选择移动互联网。如果叫我去卖保险、去卖车，真的无所适从。

　　产品资源是指当前能通过熟悉的渠道快速获取产品的能力，如果能获得较好品质而且差异化的产品，那么销售起来就会轻松很多。我刚开始做农产品时有位亲属就是从事农产品销售的，因此对农产品的获取渠道比较清楚，以致入行后能不断地丰富产品线。

　　客户资源是指你创业前就具有一定规模的潜在客户，这种资源不是每个人所能具备的，毕竟多数创业者都是在一穷二白的基础上开始创业，拥有客户资源的人多数都是此前从事过其他行业，从中积累了一批潜在客户。我卖农产品之前其实做过一个地方性的微信订阅号，粉丝过万，后来我就在这一万多人里面挖掘顾客。

　　启动资金是"硬件"，兴趣每个人都有，资源也可以慢慢积累，但是创业之初肯定需要一笔启动资金，否则巧妇也难为无米之炊。这时就要根据自己的经济能力来选择相应的创业项目，量力而行，如果自己没有什么资金，又想一开始就做"大买卖"，结果可能还没等到盈利就没资金维持日常开支了。如果资金不足则应优先考虑一些投资少的小项目，我做农产品时其实并没投入多少资金，也就几千元而已。

下面是我此前曾经构想过的一些创业项目方案，现拿出来供读者朋友们参考。

2.1 地方农特产配送

项目简介

通过小程序销售当地的农特产，销售对象主要是当地市民以及在外地工作、定居的老乡。农特产可以是原始农产品（即一级农产品），也可以是粗加工类农产品，其主要特点是具有地方特色以及产量较低。

竞争优势

农特产有一个特殊性，就是当地人最青睐当地的农特产，每个人总认为自己家乡的农特产才"正宗"，这是一种饮食习惯和情怀。例如我们这边有一种叫"瓜咸"的农特产，在当地是人人爱吃的美食，而送给外地亲友品尝都说很难吃。因此农特产的销售对象主要以当地人为主，外地人为辅，锁定了消费人群，营销更精准。

竞争上你也最有优势，你人在当地，货源上近水楼台先得月，这点外地人难以和你竞争，他们最多也只能是附带式销售。比如一个广州人在广州上网卖洪湖莲子，和一个洪湖人在洪湖上网卖洪湖莲子，孰优孰劣显而易见。农特产的主要竞争对手在当地市场和电商平台，这两个地方可以说你想买什么农特产都能找到，但并不是有人在卖你就没法卖，抓住原产地、原生态、专业专注、快速配送四大要素，搭配小程序商城进行销售，可以打造出一个专业的区域农特产销售平台。

中国农产品网络零售市场规模（亿元）

启动资金

该项目启动资金粗略估计需要 1 万～ 2 万元，如果控制得好，1 万元左右即可启动，以下是开支明细。

- 微信小程序认证费用：300 元。

- 小程序纯商城功能：2000 ～ 2500 元。

- 小程序其他营销功能（可选）：500 元。

- 商用真空打包机：约 1800 元。

- 前期货品采购费用：约 5000 元。

- 塑料袋、真空袋等包装材料：500 元。

- 能上网的计算机：2500 元。

- 场地租金：2000 元。

- 交通工具：自备。

- 其他不可预测开支：2000 元。

小程序设置

　　小程序商城主要实现产品展示和下单结算，不需要过于复杂的功能，越简单越好。

　　产品展示要有视频播放功能，这样顾客就能更轻松直观地了解产品，毕竟多数顾客不会浪费太多时间去看冗长的文字介绍。创业初期的小程序其实也不需要过多的营销功能，例如抽奖、集字、有奖问答之类的多是鸡肋，用户数量没成规模之前搞这些活动基本没什么用，有"满就送"或优惠券功能即可。建议小程序搭配一个内容管理系统，这样就可发布一些关于农特产的介绍和促销信息等。

　　再说说小程序的首页排版。我用的是简单便捷的橱窗排版，顾客想买什么一目了然，方便查找。我也见到很多人使用"小清新"式排版，每个商品周边进行了大幅的背景修饰，在视觉上更加"高大上"，缺点是占的位置多，首页放不了多少产品，以致其他未放置在首页的产品容易被边缘化。网址导航大家都用过吧，页面设计简单，可是偏偏广受欢迎，理由就是方便。当然，青菜萝卜各有所爱，我并不是鼓励大家效仿我的排版方式，只是建议要把握好"直观方便"的原则。

经营思路

既然要通过小程序经营农特产，项目运作之初就不建议还做实体店，人的精力是有限的，鱼和熊掌不可兼得，要么专注做好小程序，要么就干脆主打实体店。做小程序商城不需要实体店，租一个放货物的仓库即可，同城的订单可以自己送货，远路的则发快递物流。

开通小程序商城后的首要任务是推广小程序，推广做不好，看不到订单会严重打击创业信心，亲朋好友也会给你"泼冷水"。要用尽全力获取一批种子用户，前期以本地微信群推广效果最佳，订单如果能不断地增加，也意味着基本进入了正轨，后面发展则是自然而然的事。

利润预测

比较畅销的农特产的毛利其实并不高，通常在 20% ~ 50%。就算品质再好，价格高了也很难打开市场，只有一些稀缺的农特产毛利才有 200% 以上，但是销量也很低。因为毛利较低，做农特产主要是靠量，创业初期能维持收支平衡即可，当小程序积累了一定的用户规模，两年左右开始稳定盈利，至于盈利的多少则因人而异了，起码要比出去打工要好一些。

两年内规划

1 ~ 6 个月：这段时间的主要工作是收集各种农特产，丰富小程序商城中的产品种类，以及做好小程序商城的前期推广，半年内实现5万以上的累计访问人数。

7～12个月：做好产品的优化，有一批主打产品，每天线上订单在20单以上，基本实现收支平衡。

13～18个月：小程序商城的累计访问人数应该超过10万，单月实现盈利，知名度逐步扩大。

19～24个月：小程序商城的累计访问人数超过20万，在当地业界具有一定的影响力和知名度，经营者个人月纯利润接近或超过1万。这个阶段已建立良好的口碑，新顾客主要来自旧顾客的推荐，不再像初期那样依赖网络推广。

项目点评

易操作，投资少，成功率大。

2.2 社区肉菜配送

项目介绍

该项目是为社区及周边住户提供日常三餐的肉菜配送服务。

这一模式早在八九年前我就曾经设想过，那还是我妻子不经意间提起的。一个晚上我和妻子陪小孩到某大型住宅区游泳，这个小区住户非常密集，据说有三四千户。妻子说这个小区如此多人，大家平时都很忙，如果有谁能提供网上下单买菜配送到家门口的服务那该多好，不用浪费时间跑市场。我觉得妻子提出的商业模式非常好，不过这只是转瞬即逝的想法，我从来没想过去做这件事，那时微信公众号还没流行，小程序就更是后话，就算要做这个项目也只能在 PC 端的网站实现，使用起来极不方便。可如今已经进入了移动互联网时代，人人都在使用微信，在小程序下单购物只需轻松滑动几下手指，便捷性和八九年前已经不能同日而语，项目的可操作性强了很多。

项目可行性评估

假设一个 3000 户的社区，如果只有 10% 住户会通过你的平台买菜，那么就有 300 户顾客，每天每户纯利润 10 块钱的话，那将是一笔可观的数目。该项目实施过程中最大的难度是采购、分拣和配送，每天 300 个订单要确保按时送达，估计都要十个人才能完成，三五个人的小团队难以胜任。为了提升配送效率，可在住户门口设立菜箱子，遇到住户不在家时可以将肉菜放入菜箱子。与配送相比，最棘手的其实还是肉菜质量问题，销量大了总会有这样或那样的问题，很难确保每个顾客都满意，而且同样的肉菜吃的时间长了就会吃腻。我们到菜市场买菜都会经常变换不同的卖家和种类，所以肉菜的客户是最不稳定的，项目具有一定的风险，成功率比销售农特产低很多。

方便，省去了去超市购买的时间	63.8%
能够直接配送到家	58.9%
品类更丰富	53.6%
价格比线下超市或市场便宜	49.6%
经常有朋友分享或网站推送优惠券	33.2%
能购买进口产品	31.9%
品质比线下超市或市场更好	31.4%
能购买到有机产品	31.3%

用户网购生鲜食品的主要原因

小程序设置

　　小程序以商城系统为主和内容管理系统为辅，商城系统现实购买功能，支付页面应该有单选框可让顾客选择配送时间，内容管理系统用于发布资讯。小程序商城的订单要支持无线小票打印功能，方便配送人员根据小票配送。为了提高用户的使用频率，可以增加免费 WiFi 模块，社区用户搜索周边 WiFi，知道密码后可一键连接。还可增加一个互动社区或跳蚤市场，方便社区用户前来发布各类信息，不过开通互动社区需要拥有一个已经备案的域名，而且主体必须是企业，不能为个人。

启动资金

　　以下仅是粗略估计，实际运作过程中的花销可能远远大于这个数字，特别是人力成本的开支占了相当大的比重。

- 微信小程序认证费用：300 元。

- 小程序纯商城功能：2000 ～ 2500 元。

- 小程序其他辅助模块：500 元 / 年。

- 车辆：不确定。

- 社区实体店租金：3000 ～ 5000 元 / 月。

- 能上网的计算机等电子设备：3000 元。

- 前期货物采购：5000 元。

- 其他设备和材料：2000 ～ 5000 元。

运营思路

在社区附近设立实体店，线下线上结合，顾客可在小程序下单，也可以到店消费。肉类、蔬菜、生鲜需要每天到批发市场采购，线上顾客必须提前下单预订。推广方面，前期获取种子用户主要以社区微信群推广和线下派发海报、名片为主，由于用户群集中，线下推广也容易开展。万事开头难，如果初期线上订单不乐观，可从实体销售和电话预订入手，逐步引导顾客到小程序购买。产品的设计以套餐为主，例如鱼头配豆腐、牛肉配酸菜之类的，单品的价格过于透明，顾客会和市场价格进行比较，套餐由于难以比较才有利润空间。

项目点评

日常事务繁多，运作难度较大，适合团队操作，不推荐个人创业。

2.3 私房蛋糕配送

项目前景

如今城里人流行给小孩和老人过生日，包括我家人，每逢某位家庭成员过生日，都会通过微商预定蛋糕，而很少到实体店购买。假设一个家庭一年要买 4 个蛋糕，在一个拥有 25 万住户的中小城市一年的蛋糕需求量就超过 100 万个。当然市场不是你独有的，做同城蛋糕配送的微商相当多，要想赢得较大的市场份额也不容易，如果能做到多样化的产品选择、较好的口味和专业的配送，这个项目还是可以做精、做专的。

启动资金

启动资金主要是学习制作蛋糕的教学成本，如果你本身就会制作蛋糕，那么这笔钱就可以省了，剩下就是购买加工蛋糕的各种设备，其他花销并不大。

- 蛋糕制作学习：10000 元。
- 场地：家庭。
- 设备：5000~10000 元。
- 小程序商城及视频播放系统：2500 元 / 年。
- 其他：1000 元。

小程序设置

商城是必不可少的。考虑到很多顾客会通过视频和图片来挑选蛋糕，可以增加一个视频播放系统（本书后面的章节会讲到），视频可以上传到腾讯视频免费空间（播放时会带广告），也可以上传到收费的不带广告的数据存储空间。此外，还可以在小程序上增加一些常用的喜庆歌曲，以方便顾客点播和分享，还体现出你与众不同的人文关怀。

运营思路

此前我也曾帮助亲戚了解过加盟蛋糕店的项目。据我了解，在广州有很多西点烘焙类的培训机构，主要教授设计不同主题的蛋糕、奶油裱花、绒软欧包、法式西点等，学习时长一般 1 个月，学费 10000 元左右（不含食宿）。私房蛋糕点心小程序商城的运营其实并不难，掌握了各类点心加工技术后再购买一些必要的设备，剩下要做的就是小程序推广了。为了提升产品的吸引力，可收集一些顾客过生日吃蛋糕的视频，将这些视频放到小程序上的视频播放列表供顾客参考。如果想提高小程序的分享频率，可开通一个顾客点播频道，将顾客信息和点播的视频歌曲放到小程序，如"祝某某生日快乐"，再鼓励顾客将此小程序卡片分享给至亲属微信群，从而带动小程序的流量。

增加一个类似这样的生日歌曲播放功能，引流效果更佳

项目点评

简单，易操作，所需人手少，投入少。

2.4 水果配送

项目前景

水果消费在日常生活消费中占很高比例，以我家为例，每个月购买水果的开支都要四五百元，如今物价高，一百几十元水果其实没多

少。有一段时间我也曾经考虑过做水果同城配送，只是由于我做农特产刚处于起步阶段，人手和精力都有限，水果只作为附带经营，并未上心，偶尔会卖一点时令水果。水果的消费群体包含男女老少，并不像农特产只有家庭主妇才会消费，而且水果消费周期较短，农特产顾客有些甚至要一年才买一次。如果不是选择了做农特产，我一定会去做水果，只是水果的保质期短，损耗大，必须要有较好的销量才能持续发展。

选项⬍	平均综合得分⬍	比例
比实体店便宜	5.11	
免运费	4.29	
送货上门方便	4.23	
支持当场验货，无条件退换货	2.82	
家附近有实体店提供订货、取货服务	2.37	
水果品种齐全	1.92	
24小时内送达	1.77	
货到付款	1.29	
其他	0.2	

问卷调查：在保证水果质量的前提下，哪些因素会吸引您网购水果？
424 人参与问卷调查，数据来源问卷星

启动资金

该项目投入较大的就是购买冰柜，全部花销不应该超过 2 万。

- 小程序商城及拼团功能：3000 元。
- 冰柜：10000 元。

- 仓库租金：2500 元 / 月。

- 前期水果采购：2000 元。

- 其他：1000 元。

小程序设置

水果在行业内基本都是同质化的产品，你有的别人也一样有，首单顾客也不清楚你的品质，要获取顾客可多做一些优惠活动。比如可设置比较诱人的优惠券和"满减送"，让顾客看到实惠从而提高购买欲。小程序还可以增加拼团模块或者砍价模块，进行社交裂变式推广。

运营思路

在我写作本书的时候，刚好接到一个卖水果朋友的电话，他说卖水果的人越来越多，进货价越来越高，生意很难做，想转型卖农产品。的确，现在不管做什么生意都难做，好做又赚钱的真的轮不到我们，我觉得水果生意还是可以做的，但要换个思路。如今满大街都是水果摊，各种水果 App 也比比皆是，首先要思考的问题是顾客凭什么要选择在你的小程序下单。如果说你质量好，水果摊的质量一样也好，而且可以挑选；如果说你的品种多，水果摊的品种也一样多，各方面比较一下，似乎你并没有多大优势。那么这种情况下该如何进行经营呢？这个项目其实我非常有兴趣，所以在此用较大的篇幅谈一下，现在就假设我在三、四线城市来运作该项目。

首先，谈一下价格。肯定不能打价格战，靠低价揽客很难长期维持，但是价格定得太高又很难卖得动，因此整体价格应该不比市场的高，通过个别商品的降价促销来吸引顾客。另外增加优惠券功能，买满一定的金额可使用优惠券。

其次，肯定要免费配送，如果顾客群体的分布范围广还应该设立多个配送点。人们之所以在网上购买水果，就是想省心，不用出门，要知道现在上街停个车都很麻烦。但是顾客也会担心你配送的商品质量和他的预期不符，第一次购买每个人都会有这样的担忧，要获得顾客的信任，只能靠平时的口碑积累了。

产品方面，品种尽量丰富，给顾客提供更多的选择，还可以做一些水果拼盘、水果套餐，也可以搭配一些特色零食、地方土特产一起销售。

推广上，手段方式多种多样。可以多搞一些促销活动分享到微信群，特别是拼团活动是做水果促销必不可少的，经常撰写和转摘一些水果方面的知识进行分享也是很好的一种揽客方式。对于一些季节性的水果，可以组织现场采摘活动，提高顾客的黏性。不必局限于散客，可挖掘一些团体大客户，例如为喜庆宴席、企业单位、户外活动的团购。

如果这些都做了，效果还是不佳，下单的人寥寥无几，那就要好好研究下问题出在哪里了。

项目点评

容易上手，市场大，但是竞争也激烈。

2.5 工厂、企业、合作社直营

项目必要性

工厂、企业本身就有经销商或者天猫店，还有必要再增加一个小程序销售渠道吗？答案是肯定的，增加小程序自营平台，对自己现有的销售渠道是一个很好的补充。就以我接触到的某小型散装米酒厂为例，它有自己的顾客群体和经销商，但没有自己的线上销售渠道，最近酒厂老板要注册商标，准备销售包装米酒，需要找人帮他卖酒。我跟老板说，你怎么不弄个小程序商城自己销售，反正老板娘平时都很闲，可以帮忙推广。老板说不会搞，而且不知道效果好不好。我跟他说，你不会搞无所谓，只要你下定决心搞就很简单，花点钱的事而已，效果好不好就看自己的了，有了小程序既方便线上销售，也利于产品推介。

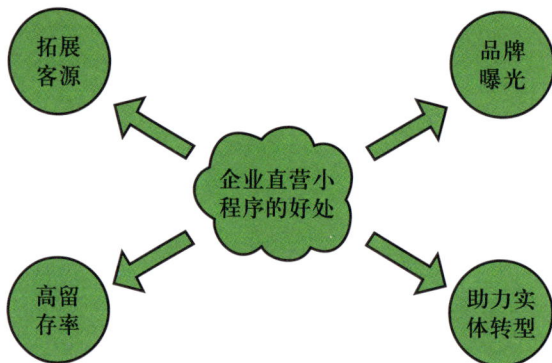

小微企业经营直营小程序的四大好处

我还有一位做农业合作社的朋友，种了好几百亩百香果。他的货主要在拼多多和天猫上销售，销量虽然很大，但竞争激烈，利润微薄，加上还要支付一笔网店费用，所以朋友经常抱怨没钱赚。有一次他邀请我到他的种植基地参观，谈起此事，我说你有数以万计的顾客，怎么不好好利用一下，例如建一个属于自己的小程序商城，在包裹里放上印有你小程序码的宣传单张，引导顾客到小程序上面购买。这位朋友虽然知道小程序的优势，但认为自己没时间去运作，直到现在也没做小程序。

我接触到的很多工厂、农业种植老板都对小程序不以为然，虽然我介绍的时候他们都会点头称好，也只是出于礼貌，过后并不会去落实，理由无非就是"不会搞"。说不会搞那是假的，不过是给两三千元别人就能帮你搞定的事，根本就不需要自己动手，主要还是安于现状不愿尝试，觉得到天猫、京东上卖货就是利用了先进的生产工具，实际上每天辛苦打拼而大部分利润都进了它们的口袋。早起的鸟儿有虫吃，除非你已下决心不做这块，那么与其一直犹豫不决，还不如抓紧行动起来。

小程序设置

除了微商城之外，还要设置一个企业模块，企业模块主要发布企业简介、企业动态以及产品介绍。

运营思路

其实工厂、企业做小程序商城比其他一穷二白的创业者轻松多了，运营团队只需要一两个人，产品和人手本身都有了，剩下的就是推广的问题。资金允许的话可以进行朋友圈广告投放，想节省成本可以充分利用现有的资源，比如在产品和宣传单张上印上小程序码进行推广。

项目点评

工厂、企业的产品通过小程序直营，可大大缩减在电商平台的巨大投入，搭建平台也很简单，关键要看老板是否足够重视。

2.6 "搬运工"平台

项目简介

什么是"搬运工"？顾名思义，就是本身没有任何产品，完全由第三方提供产品和配送的销售平台，平台的角色就是中介。

创业多多少少都需要一笔启动资金，用于购买设备、发放工资以及日常开支，但并不是每个人都能拿出这笔资金，不少创业者连筹集1万元现金都觉得困难，这时就可以考虑这种前期资金投入少的"搬运工"模式。将平台搭建好之后，就可以联系一些商家、农户进行合作，和他们谈好利润分成，把他们的产品上架到小程序，有顾客下单便通知商家、农户配送。

启动资金

除了小程序的搭建成本，几乎没有其他开销。

小程序设置

"搬运工"版的小程序商城比较特殊，平台需要为每一个合作伙伴提供产品和财务的管理面板，以便让他们对自己的销售状况一目了然，而普通的小程序商城不具备这样的功能，那就要购买适用于这种"搬运工"模式的小程序。这种小程序有服务商在提供，一些"同城精选""农家搬运工"之类的小程序就是使用这种系统。

值得注意的是，这类小程序的经营主体还是你本人，不能有商家进驻开店的功能，那属于电商的范畴，需要对应的资质，这种资质创业者一般很难办到。

项目优缺点

优点：前期投入少，一个人就可以开始运营，没有进销存这些琐碎的工作。

缺点：产品不是自己的，难以控制产品质量和服务质量，容易造成顾客流失，项目甚至会昙花一现。

项目点评

如果你不想从事进货、打包、配送这些烦琐的工作，而且又有较好的业务洽谈能力，不妨尝试下。

本章小结

最了解你的不是别人，而是你自己，所以要问做什么项目才好，这只有你自己最清楚。某人做某项目风生水起，不代表你去做也会有同样的成效，最终你会发现，只有适合自己的路才是最好的路。

第 3 章
快速搭建小程序商城

"

你经常使用到小程序，可你并不清楚怎样建立一个属于自己的小程序，看了网上的讲解还是一头雾水。

建一个这样的小程序难不难，要花多少钱？

答案就在这里。

当有了项目，也有了决心，现在准备大展身手，那么首要任务就是建立一个小程序商城。尽管建立一个这样的小程序商城并没有难度，可是对于一个从未接触过这方面知识的新人来说，就不知从何下手，有些创业者甚至在参加一次激情澎湃的小程序营销会议后被忽悠，高价购买了没有任何实用价值的小程序。

那么该怎么样建立一个属于自己的小程序，要花多少钱，需要什么资料，要用多长时间呢？这一系列的问题都是读者们迫切想了解的，下面为你讲解如何从零开始搭建一个小程序商城。

3.1 为什么要成为个体户

我们都知道，开通淘宝店或微店只要有个人身份证即可，很多人误以为个人同样也可以开通小程序商城，而实际情况是开通经营类小程序必须具备对应的经营资质，包括《营业执照》和《经营许可证》，例如我经营农产品就需要《营业执照》和《食品经营许可证》。各种类目小程序的资质要求可以到微信公众号平台查看，网址如下：

https://developers.weixin.qq.com/miniprogram/product/material.html

在做农特产之前我开过多年公司，领略过什么叫"注册容易注销难"。对于微商创业者，除非你实力雄厚准备做到很大规模，否则我不建议开设公司，开设公司每个月做账、缴税和社保支出是一笔不低的费用，如果经营规模较小，微商开办公司的意义并不大，反而注册成为个体户既简单也节省开支。

此外，还有一个收款问题。

注册小程序账号的同时还要开通微信支付商户号（pay.weixin. qq.com），这样商城才具有支付功能，否则无法收款。开通商户号的时候会要求你捆绑收款银行卡，腾讯第二天清晨会将前一天的营业额扣除手续费（通常为 0.6%，见 http://kf.qq.com/touch/wxappfaq/17051277jY JN170512aEJrEF.html）后打到你所捆绑的银行卡。

如果小程序的主体是公司，那么必须使用对公银行账号捆绑微信商户号，小程序上的销售款就会打入到对公账号，按照税法规定，你的对公账户收到的款项，虽然可以不开发票，但是必须要记入销售收入，依法纳税。

企业付款到银行卡

产品大全 / 申请开通

| 1 付款方式设置 | 2 额度设置 | 3 收款账户设置 | 4 联系人设置 |

额度设置

ⓘ 请根据实际业务情况，进行以下设置。

| 单笔付款金额 | 1 | 至 | 1,000 | 元 |

可设置区间: 0.01至20,000.00元

| 同一收款账户单日收款总额 | 1,000 | 元 |

可设置最高额度20,000.00元

| 商户号单日付款总额 | 10,000 | 元 |

可设置最高额度100,000.00元

| 每日向同一用户付款不允许超过 | 3 | 次 |

可设置区间为 1-999次

上一步　　下一步

微信商户平台支持将企业收款转账到个人银行卡，需收取 0.1% 手续费

虽然微信为企业用户提供了"企业付款到零钱""企业付款到银行卡"两项功能，但前者有个前提条件就是入驻需满 90 天，而且要连续交易 30 天，后者则要收取转账手续费（0.1%）。

目前个人虽然也可以注册小程序账号，但这种个人小程序不能捆绑商户号，因此无法在小程序上进行收款，通常只适合工具类小程序开发。总之，通过小程序进行经营，必须要有《营业执照》，个体户和公司均可，其中个体户最省心。

3.2 开通小程序商城要花多少钱

一直都有朋友咨询我做一个小程序需要花多少钱，是一次性收费还是每年都要收费，可见很多朋友对搭建小程序商城所需的投入并不了解。事实上，由于获取小程序的途径不同，花费差距也非常大。

获得小程序的途径主要有三类：一是自己开发，二是请人定制，三是使用服务商的现成模板。

自己开发其实不必多说，因为大多数人都不具有开发能力，而且自己开发并不合算，每年要租用域名、服务器、带宽，还要花精力升级和维护，这种操作适合有一定规模的公司。

请人定制的优点是可以根据自己的需求来制作合适的小程序，缺点也很明显，那就是费用高昂，通常在一万到数万元，而且不管修改代码还是功能升级你都需要联系开发者，很容易被开发者牵着鼻子走。

例如用了一年你想改点东西，增加点功能，完全存在开发者抬价的可能。

而使用服务商现成模板创建小程序，则是当前最适合创业者的操作方式了，这类似过去我们做站长，直接下载一套网站的开源代码上传到服务器就开通网站了。使用服务商现成模板的优点是花销较少，功能方面服务商会不断升级完善，上线速度快，拿来就能发布。缺点是功能固定，想根据自己的业务需求对小程序功能作调整是不现实的，不过对微商来说，目前大多数小程序商城的功能都够用了，没必要搞太多花哨的功能。

采用模板创建各种功能小程序的价格一般 1000~10000 元 / 年，以商城类小程序为例，一些主流的服务商，包括有赞、微盟、云起等，每年费用在 5000 元左右，中小型服务商的价格通常 1000~3000 元。

一款小程序，便宜的几百元都有，而较贵的则高达一两万，一些会议营销活动上的报价则往往都是天价。以我个人的心理承受能力来说，做个小程序每年要交五六千元感觉太贵了，毕竟多数人一开始心里都没底，是抱着试试的心态去建立小程序的，两三千元才是大部分人所能接受的。

目前大部分小程序都是模板式批量生产的，成本其实很低，这有点类似 20 年前流行的企业网站，这些网站并非一对一开发，代码都是差不多的，不同的只是外观，刚开始做个简单的企业网站要数千元，后来几百元就行了。

随着小程序服务商的越来越多，竞争也会越来越激烈，价格不断下降是必然的。对于创业者，每天为小程序付出五六元钱，一年

2000 元左右，则较为容易接受。我现在使用的小程序每年就 2000 元左右（不含腾讯认证费用），如果愿意一次性支付多年费用还会更优惠。

第三方服务商小程序模板，一键就可以生成各种功能的小程序代码，
参考网址：xcx.xiangshu.net

小程序的价格大家可以上网自行比较下，不要贪便宜也不必太破费，两三千元的完全够用了。平时我遇到一些创业者，担心使用两三千元的小程序一旦做大做强了就无法满足需求，这其实是杞人忧天，等你做大做强了完全可以自己雇一个团队来开发，创业需要循序渐进，以后的事待以后再说。

3.3　小程序名称设置须慎重

小程序名称具有唯一性，一旦发布再改名就比较麻烦，非个人账户要通过再次认证来修改名称，个人账号则不支持修改。小程序名称的设置非常重要，它会影响到搜索结果，而搜索是小程序的流量来源之一。

小程序名称在小程序搜索中的权重是非常高的，它的搜索排名权重如下：

全匹配 > 连续部分匹配 > 割裂部分匹配 > 不匹配

名称越短而且和关键词越匹配，在搜索结果页面排序就越靠前。假设有"大八仔"和"大八仔农品"两个小程序，搜索"大八仔"这个关键词出来的结果页面中，"大八仔"小程序就比"大八仔农品"小程序更靠前。

不过，在微信小程序搜索机制中，小程序的使用量权重也非常重要，在关键词匹配程度一样的情况下，使用量越高的小程序，它在搜索结果页面的排序越靠前。假设有"大八仔商城"和"大八仔农品"两个小程序，前者使用量是 10 万，后者使用量是 1 万，搜索关键词"大八仔"时虽然匹配程度都一样，但是前者使用量更大，那么它在搜索结果页面就更靠前。

尽管我们都希望自己的小程序名称是一个较短的热门词汇，以便通过搜索带来自然流量，不过目前这样的名称资源已经枯竭，那么就要退而求其次，做不到短名称的全匹配只能考虑长名称的连续部分匹配、割裂部分匹配。经过慎重思考，我给自己的小程序注册了一个很长的名称——阳江大八仔农家特产快速配送商城，多达 15 个汉字，达到了 30 个字符的限制（一个汉字为 2 个字符）。

我为什么会采用一个这么长的名称呢？当时"大八仔"还没被注册，注册一个"大八仔"不是更简单易记吗？我考虑的是，首先我们不是大企业，更不是知名商标，肯德基、索尼、苹果等是先有知名度后才有人搜索，而"大八仔"根本无人知晓，没有知名度之前根本就没人去搜这个关键词。

因此我便考虑部分匹配，增加"阳江""农家""特产""商城"等关键词，网民在搜索上述关键词后在搜索结果页可能就会展示我的小程序，即使排在后面，但总比没人去搜索的"大八仔"好，如果不是字数限制我还想再增加一些关键字。

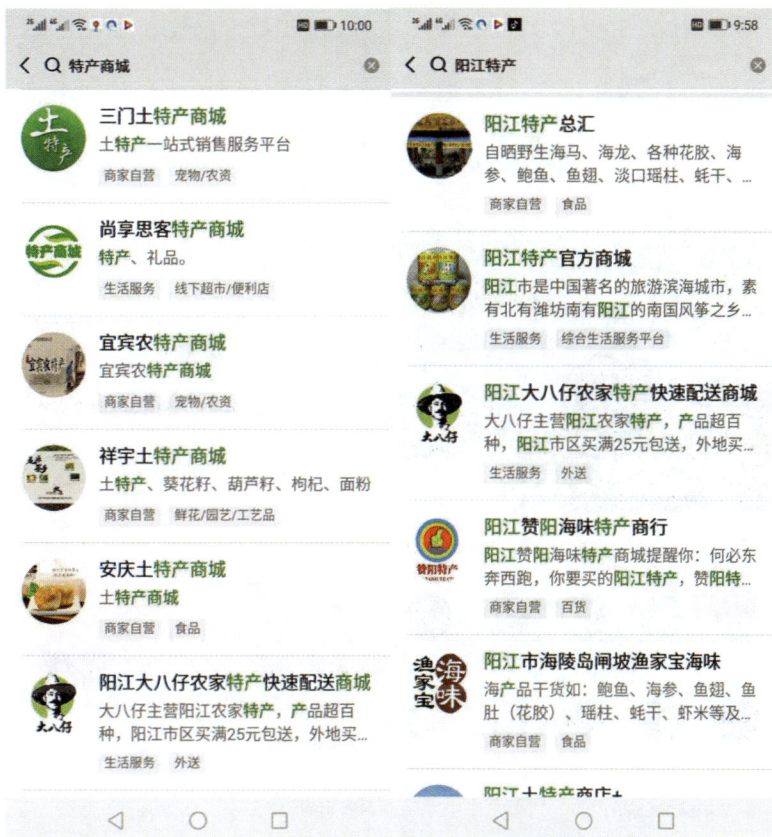

搜索"特产商城"和"阳江特产"都能出现作者经营的小程序,但如果小程序名称设为"大八仔"三个字,那么就白白浪费了数个关键字

如此长的名称会不会让访客觉得太难记?

那就要先搞清楚小程序名称和小程序标题之间的区别。小程序标题是小程序页面顶部显示的文字内容,而小程序名称则需要打开小程序详细页才能看到,这有点类似我们过去常用的 BBS,登录 ID 是一个一串字母加数字,而在论坛发言时显示的是你设定的昵称,网友间互相称呼时只会喊对方的昵称而不是登录 ID。

同样,在小程序里面访客只会留意页面的标题名称,极少人会打开详细页看它的注册名称,而标题又是可以自定义的,我便把标题设为"大八仔农品",人们也就会记这个名称,几乎没人刻意去看那15个汉字的名称。因此,不存在小程序名称长就难记的问题,长名称对小程序运营的影响可以忽略不计。

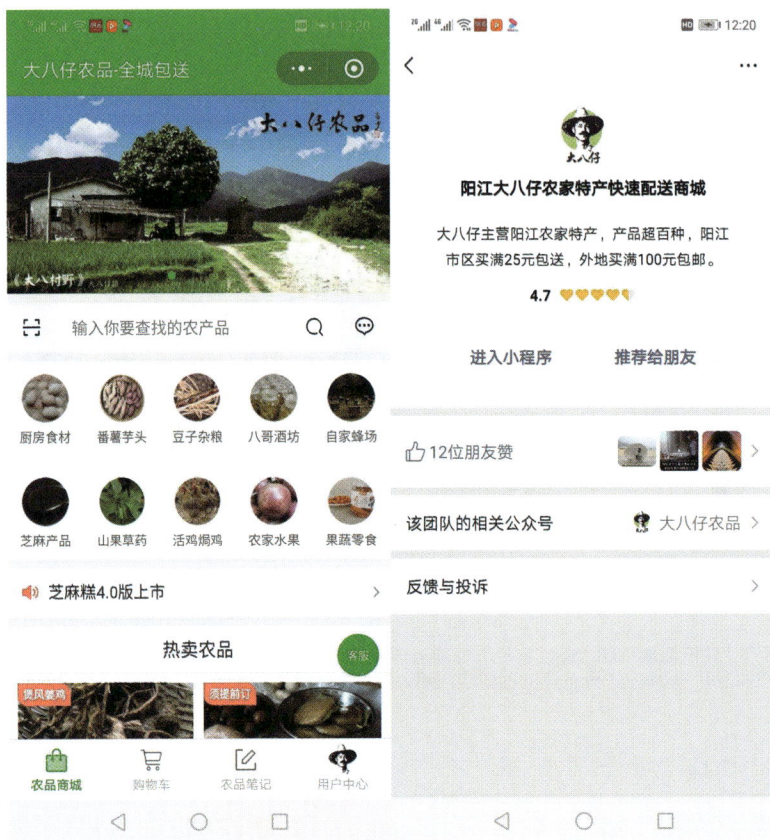

打开小程序首页,顶部标题是"大八仔农品 - 全城包送",需要打开详情页才能看到小程序的注册名称"阳江大八仔农家特产快速配送商城"

使用长名称还有一个好处,就是定义小程序简称的时候有更多的选择。设置小程序简称有一个硬性要求,简称的文字必须从小程序名称里面按顺序选取。我的小程序名称较长,所以有较多的选择空间,最终选定"阳江特产"作为小程序的简称,如果名称较短的话可选择的文字则非常少。

修改简称 ×

小程序名称 阳江大八仔农家特产快速配送商城

小程序简称 阳江特产 8/10 检测
（选填）

小程序简称将用于"任务栏"展示。查看示例
不填写输入框直接提交，可删除小程序现有简称，任务栏将展示小程序名称
简称仅支持从当前名称中按顺序选取字符创建，账号简称长度为4-10个字符，一个中文字等于2个字符。点击了解更多 简称规则

确定 取消

小程序简称仅支持从当前名称中按顺序选取字符创建，账号简称长度为 4～10 个字符，一个中文字等于 2 个字符。设置成功后，在微信首页下拉任务栏便能看到小程序的简称

　　说起小程序名称，还有点插曲，我的营业执照和小程序都是用"大八仔"这三个字，在朋友圈经常有朋友批评我这个名字起得太土，不利于以后做大做强，他们建议改成一些高大上又富有内涵的名称，例如欣荣、绿森、锄农、田山等。

　　与朋友们的想法相反，我正是需要一个土一点的名字，"土"就是我做农特产所要的特色，做大做强那是后话，我自己也没想过要做多大，能做好本地市场就非常不错了。其实对于这个名字我也思考了很久，也在微信朋友圈咨询过，因我平时自称大八仔，有朋友便建议我办理《营业执照》干脆就取名大八仔，简单又易记。我一想也对，大八是当地一个镇，在当地人人皆知，用这名字连广告宣传费都省了，而且也容易赢得在市区居住的大八老乡的支持和信任，真是一举多得。

3.4　快速搭建小程序商城

平时朋友们咨询最多的就是如何建立一个小程序商城，其实相关教程在网上搜索一下会发现非常多，但不少初次接触的朋友看过之后还是一头雾水，不知所云。到微信公众号平台注册一个小程序账号谁都会，根据官方教程按部就班即可，然而注册了账号仅仅相当于拿到了个毛坯房的钥匙，房子内部还需要经过装修才能入住，也就是要将小程序源代码上传到微信公众平台，小程序才能展示出来。

说到怎么样搭建小程序的问题，一些朋友会提一些很简单的问题。例如注册小程序账号的网址是哪个？怎么没收到验证邮件？如何认证？认证需要多少钱……这些问题都是腾讯客服和小程序服务提供商的工作范畴，建议向他们咨询，他们的回答更权威。我并不排斥提问，不懂就问是非常正常不过的，只是一些简单的问题应学会独立解决，客服实在太拖拉的话，不妨好好利用一下搜索引擎，我平时就是这样做。

本书也只是为读者提供解决问题的思路，并不会就一些细节操作进行过多的阐述，这些东西网上都有，就没必要浪费纸张了。

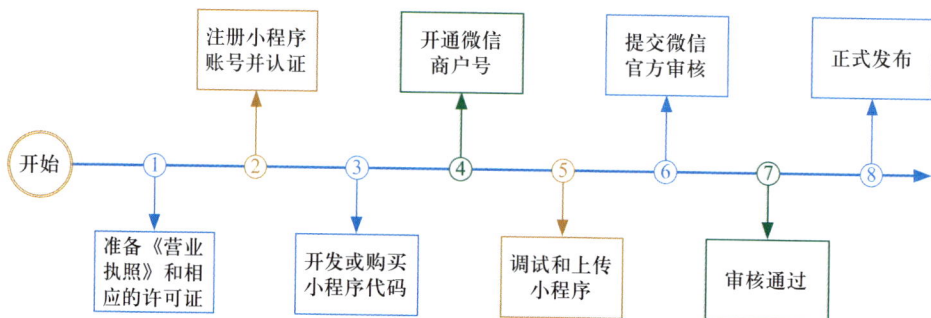

搭建小程序流程图

1. 准备证件

首先要证件齐全，并不是有《营业执照》即可，很多经营项目都需要对应的经营许可证，例如销售食品需要《食品经营许可证》，经营社区论坛则需要非经营性互联网信息服务备案核准（即网站备案），经营农、林、牧、渔初级农产品需要《全国工业产品生产许可证》。有《营业执照》可以注册和认证小程序，但是小程序代码上传后微信官方还需要对你的经营资质进行审核，如果不具备对应的许可证则无法通过审核，不但无法上线小程序进行经营，还浪费 300 元的认证费用。

各行业所需的证件详见《非个人主体小程序开放的服务类目》：

https://developers.weixin.qq.com/miniprogram/product/material/

2. 注册和认证小程序账号

注册一个小程序账号其实很简单，根据官方要求填写内容然后不断地按"下一步"即可。值得注意的是，在微信公众平台（https://mp.weixin.qq.com）上有两种注册小程序的方式，一种是直接注册小程序账号，另外一种是先注册订阅号或服务号再使用资料复用的方式获取小程序账号。我建议采用后者，因为只要拥有了公众号，就可以登录进去快速开通小程序账号（目前个体工商户最多 5 个）。单独注册小程序账号的话，每注册一个账号就要认证一次，也就是说花 300 元注册并认证服务号可以拥有一个服务号和 5 个小程序账号，而单独注册 5 个小程序账号则要 1500 元认证费，相比之下你会选谁？

关联小程序

本月还可关联同主体的10个小程序，不同主体的3个小程序。

快速注册并认证小程序

支持已认证公众号快速注册并认证小程序

经过认证的公众号支持快速注册并认证 5 个小程序

曾经有一位朋友向我咨询小程序账号注册问题，她说在使用对公账号向腾讯公司汇款验证主体身份时，提示对方银行账号错误。银行账户这种问题我也不清楚，我便建议她咨询客服，还随口问她公司此前有没有注册过公众号，她说有。我说，既然有公众号，你何必要单独注册小程序账号，在公众号使用资料复用的方式就可获取小程序账号。这时她才恍然大悟，可见很多人并不清楚通过公众号可快速注册注册小程序这回事。

公众号注册成功之后，要缴纳 300 元进行认证，认证成功后还要开通微信支付商户号（不开通则无支付功能），然后可点击公众号后台左边菜单"管理小程序"一项即可快速开通小程序账号。需要再次重申的是，个体户开通微信支付商户号的时候需要捆绑银行卡，建议填写个人银行卡号。

3．准备小程序代码

前面已经说过，小程序可以自己开发，也可以购买。除非自己是专业人士，一般情况下我们都选择购买，而购买的小程序又分为两种方式。

一种方式是完全授权第三方安装的小程序，只要付款，第三方服务商就会从头到尾帮你安装好一个小程序（前提是你必须具有相关经营证件），收费颇高，通常年费 5000 元左右。其优点是简单省事，缺点是小程序使用固定的模板，无法对版面细节进行修改，甚至页面底部还保留服务商的版权信息。如果想在小程序上面增加一些个性化的内容就比较困难，例如底部菜单栏的图标、顶部的标题、版面内的一些文字的修改，当然也不排除现在有一些服务商支持此类的调整，不过此前我见过的大部分都是无法修改的。此类服务商众多，如有赞、微盟、点点客、商派云起、酷客多等，除了其中某一家我使用过一段时间外，我对其他的均不了解，所以无法给出购买建议。

不过某一家的服务我深有体会，业务经理先给你开出 500 元的优惠价格，然后承诺无需任何营业证件就可以开通商城支付功能（说他们一个"某某代收"功能），先让你缴费"上船"。结果没过几天就改口说代收功能不支持小程序只支持 H5 微商城，需要你去办理《营业执照》才能使用，你想退款也行，但需要走财务流程，3 个月左右。最坑的是满一年后续费给你提到 5800 元，理由是"收费有调整很正常，又不是针对你一个人"。

另外一种方式是在服务商购买前端源代码，其提供管理后台，你自己上传源代码。这种方式费用比较低，年费一般不超过两三千元，甚至几百块的都有。这种小程序的优点是可以对小程序的前端源代码进行微调，使得自己的小程序更加个性化，而不是千篇一律。有些服务商还提供版面设计服务，而且不要求保留版权信息。我目前使用的小程序就是此类，可以随意对版面进行编辑，如修改图标、调整颜色、增加文字等。

不过，想对小程序前端进行修改要先了解小程序的架构和编写语言（可以通过网上的视频讲座进行学习），就怕因不熟悉而不慎弄错了某个字符，小程序就无法正常使用。如果你完全不懂，看到那些代码都会头晕，则不建议修改，直接下载服务商提供的代码，然后原封不动上传即可。

参考资料：

笔者目前所使用的小程序服务商链接：

http://xcx.xiangshu.net

（支持试用）

腾讯云小程序市场链接：

https://market.cloud.tencent.com/categories/1002

4．调试和发布你的小程序

调试小程序之前需要到微信公众平台小程序后台配置"服务器域名"，点击后台左侧"开发"菜单，再点击"开发设置"，即可配置，服务器域名由小程序服务商提供。

① 身份确认 ── ② 配置服务器信息

服务器域名需经过ICP备案，新备案域名需24小时后才可配置。域名格式只支持英文大小写字母、数字及"-"，不支持IP地址。如果没有服务器与域名，可前往腾讯云购买。

request合法域名   https://   ⊕

socket合法域名   wss://   ⊕

uploadFile合法域名   https://   ⊕

downloadFile合法域名   https://   ⊕

udp合法域名   udp://   ⊕

保存并提交   取消

配置服务器域名，域名由小程序服务商提供

在微信公众平台下载官方提供的微信 Web 开发者工具，微信扫码登录后填写好 AppID 和小程序代码目录，进入主界面进行调试预览没问题后，就可以点击"上传"按钮完成上传工作。上传代码完毕后还要做一步工作，就是登录微信公众平台小程序后台，在"版本管理"一项中点击"提交审核"。由于微信 Web 开发者工具在不断更新迭代，每个版本的操作方式都有所不同但大同小异，在此我就不详细介绍操作步骤，用的时候遇到问题可通过搜索获取帮助。

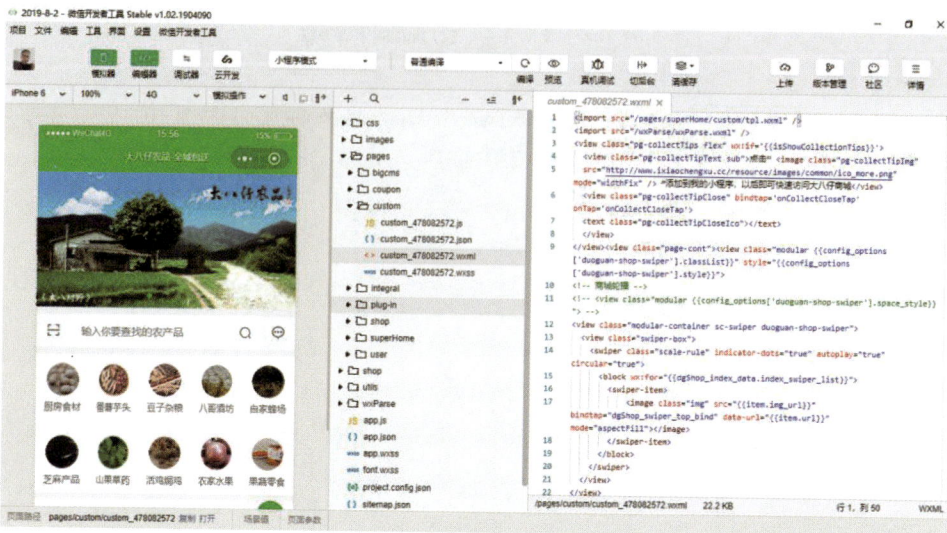

微信开发者工具，调试并预览没问题之后，点击右上角"上传"按钮上传小程序前端代码

上传完毕代码后，到微信公众平台小程序后台提交代码审核，审核通过后即可在后台发布

3.5　如何简单地修改小程序版面

如要对小程序版面进行简单的样式修改，首先要学习小程序的相关知识，了解它的架构和编写语言，在爱奇艺上有一个视频讲座非常不错，标题是《千锋 Html5 教程：零基础入门微信小程序》（作者：龙小宅），推荐读者浏览学习。

《零基础入门微信小程序》视频教学链接：

https://www.iqiyi.com/v_19rrbxcvkg.html

如果你之前有过 HTML 和 CSS 基础，那么修改小程序的样式、布局将会非常容易。微信小程序代码主要由 4 种文件类型构成，他们分别是 json 配置文件、js 逻辑文件、wxss 样式文件、wxml 布局文件。假如要修改选项卡和标题就在 json 文件中修改，修改页面中的文字内容则在 wxml 文件中修改，修改颜色、长宽等样式就要在 wxss 文件中修改。下面举几个例子简单介绍下。

1. 底部选项卡和首页标题的修改

打开一个小程序，最先加载的是顶部的标题和底部的选项卡，然后才是内容，这是由于前两者的信息是保存在源代码中的，而内容则要远程访问数据库，所以我们有时会看到标题和选项卡早已经显示出来了，而内容还是"正在加载中"。不管打开什么小程序，我们都会习惯性地扫一眼标题，因为从标题能粗略了解小程序的服务内容，底部选项卡则是点击最频繁的位置，因此标题和选项卡的设置对于一个小程序来说是非常重要的。不过，购买的小程序代码通常都是使用默认的标题和选项卡，这往往不是你所满意的，因此有必要进行调整。

修改首页标题其实很简单，打开微信开发者工具，点击小程序首页底部"页面路径"右方的"打开"快速进入首页文件夹，找到首页文件夹中的 json 文件，更改 navigationBarTitleText 项的值即可。

例如，把

```
{
"navigationBarTitleText": " 商城首页 ",
"enablePullDownRefresh": true
}
```

改为

```
{
"navigationBarTitleText": " 大八仔农品 - 全城包送 ",
"enablePullDownRefresh": true
}
```

修改小程序选项卡则在全局配置文件 app.json 中进行，找到 tabBar 项，在下列代码中进行修改。

```
"tabBar": {
"color": "#aeb6bd",
"selectedColor": "#09bb07",
"backgroundColor": "#ffffff",
"borderStyle": "black",
"list": [
{
"pagePath": "pages/custom/custom_478082572",
// 点击菜单跳转的路径
"text": " 农品商城 ",
// 菜单名称
"iconPath": "/images/superbar/9fc0ff6ffd30b02741241d0783644081.png",
```

```
// 菜单未选择时的图标路径
"selectedIconPath": "/images/superbar/9fc0ff6ffd30b02741241d0783644081_in.png"
// 菜单选择后的图标路径
}
]
}
```

按照双斜线后的备注提示进行修改即可，例如要修改选项卡文字则修改 text 项的值，修改图标的话则要把新图标放到相应的目录，再把 iconPath 项的值改为最新图标的路径。

2. 小程序页面文字内容修改

购买的小程序页面上的文字都是固定的，有些内容并不接地气，你肯定想将它改成自己想要的内容。例如将"商品详情"改为"农特产详情"，或者将"留言客服"改为"留言大八仔"，又或者将"立即购买"按钮的文字改为"立即下单"等，这时就要对相应的 wxml 文件进行修改。

打开要修改的 wxml 文件，搜索要修改的文字进行修改即可，这些文字通常内嵌在 <text> 或者 <button> 标签中。

例如，把

\<text\> 商品详情：\</text\>

改为

\<text\> 农特产介绍：\</text\>

3. 样式的修改

有时为了使某些文字更加醒目，要将字体加大加粗，或者更换一种颜色，这些都要对其样式就行修改。小程序的样式文件为 wxss，如果有 CSS 基础那么这将是非常简单的事情，不过就算从来没接触过，简单地在网上学习下也很快会明白。

例如：

要字体大小由 12px 改为 14px，则将

font-size：12px 改为 font-size：14px

要将绿色改为红色，则将

color:green 改为 color:red。

样式的标签非常多，这不是本书要介绍的内容，我们明白是怎么回事即可，有兴趣的朋友可以上网学习 CSS。

本章小结

搭建小程序商城的流程是：办理营业执照及经营许可证→注册微信公众号→认证公众号→注册微信商户号→在公众号内快速开通小程序账号→购买小程序代码→配置服务器域名→调试上传→等待审核通过→正式发布。

第 4 章
商城后台管理

"

　　小程序通过审核上线了，接着就要上架你的商品进行销售，对于熟悉流程的人来说这是手到擒来的事，但是对于首次接触小程序商城的"菜鸟"来说，他们往往会把一些未知的事情想象得很复杂，从而失去动力。这一章的目的就是告诉你，事情就这么简单！

没有开通过小程序商城的朋友很关心的一个问题就是，有了小程序后到哪里上架商品？在哪里看订单？怎么发货？

事实上，每一个小程序服务商都会为你提供一个商城管理后台，而且一般都会同时提供 Web 版和 App 版，通过 Web 版管理商品，通过 App 版管理订单。在此也提醒读者，购买小程序一定要咨询服务商是否提供该两个版本的管理后台，如果只有 Web 版没有 App 版的话，就要时时刻刻坐在电脑前浏览订单，有 App 版则可以随时随地打开手机查看。这个问题非常重要，关系到商城的运营效率，不可大意。

小程序商城订单管理 App 版

4.1 上架商品

商品的上架没有什么技术难度，每家服务商的操作方法也大同小异，无非就是商品资料的录入。需要强调的是必须要做好商品的图片和文字资料在本地电脑的备份，以防误操作删除，有些平台并不支持找回被误删的商品数据，一旦误删就前功尽弃。

上架商品

目前的小程序商城通常都支持商品的视频播放，建议将视频上传到无广告的视频存储平台。腾讯视频虽然免费，但会在片头会插播广告，非常影响用户体验。

商品的详情页如果想制作得高大上点，可以到淘宝或者一些威客网站雇兼职的美工对商品图片进行处理。这方面的工作我做得比较粗糙，因为我卖的是农特产，顾客都想看到产品的原始风貌，所以没有对产品图片进行美化。

4.2 订单管理

订单的管理通常通过手机 App 进行，方便你在任何时间任何地点快速了解顾客下单状况，这是台式电脑无法比拟的。顾客在小程序下单后，"微信支付商家助手"公众号就会发出一条收款信息到商家设定的一位或者多为配送员，并配有语音播报，配送员可做到及时响应。

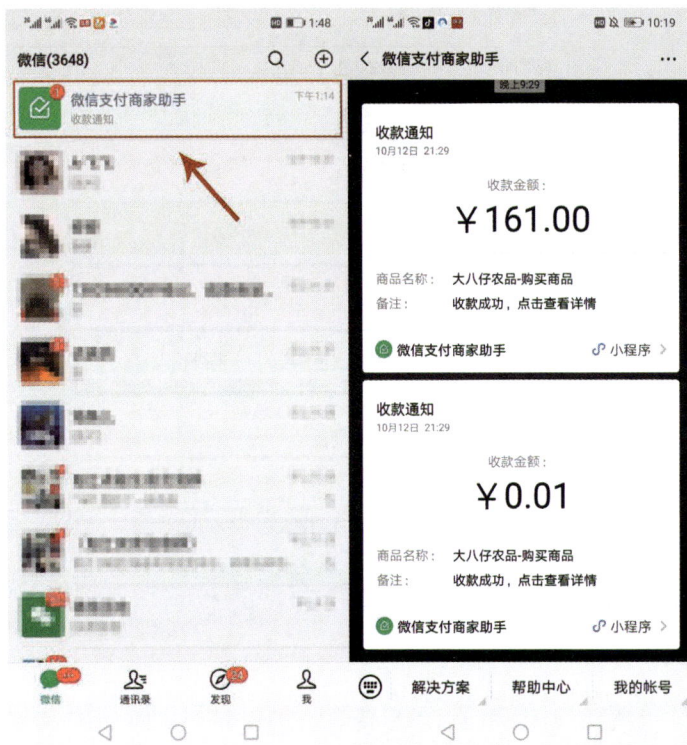

一旦有顾客在小程序支付，你的微信便能收到"微信支付商家助手"公众号发来的语音收款通知

开启订单语音播报的前提是关注微信官方的"商家助手"小程序，并在"我的"设置页选择"收款通知"和"收款语音播报"。不过"我的"设置页入口做得非常隐秘，位于小程序首页顶部"＞"符号处，我当初也是研究了很久才找到这个入口，这点做得非常不人性化，希望不久的将来会有改进。

进入"商家助手"小程序（左图），从顶部"＞"处进入设置中心，把"收款通知"和"收款语音播报"这两项打开

如果需要多人接收收款通知，可到微信支付商户平台"账户中心"中"员工账号管理"项进行设置。

4.3 订阅消息

我们也许有过这样的经历，在小程序购物支付后会收到一条提示支付成功的微信消息。这条消息使用的是微信平台"订阅消息"功能，是需要商家进行设置，同时需要用户进行订阅才能使用的。

"订阅信息"的前身其实就是"模板信息"，可是由于"模板信息"不需要订阅，有大量小程序把它当成了营销工具，用来推送广告，甚至是不实信息，诱导用户点击。这些做法与微信团队的初衷背道而驰，极大影响了用户的使用体验，微信团队于 2020 年 1 月下架了"模板消息"，改为需要用户主动订阅的"订阅信息"。

顾客支付成功后收到的信息

商家发货后顾客收到的发货提醒

进入小程序商城管理后台，进入"订阅消息"设置页，根据说明填写功能模板 ID 即可，非常简单。

商城后台订阅信息设置界面。这里笔者并没有设置"下单成功模板"，只设置了"支付成功模板"，
是因为"下单成功模板"容易造成顾客误以为已经付款，而实际上下单成功不代表已经支付

　　模板 ID 需要登录微信公众平台的小程序后台获取，在后台找到"订
阅消息"菜单，再找到"模板库"选取对应的 ID。

获取订阅信息的模板 ID

4.4 退款管理

每天凌晨微信官方会将前一天的营业收入扣除 0.6% 的手续费后，打进你商户号所捆绑的银行卡。如遇到个别订单需要退款，可以在小程序商城后台退款，也可以登录微信商户平台后台（https://pay.weixin.qq.com）找到对应的支付订单进行退款操作。

在小程序商城管理后台只能退部分商品或者全部商品的款项，例如顾客同时买了两件东西合计 30 元，一件 10 元另外一件 20 元，你可以退 10 元、20 元或者全部 30 元。而在微信商户平台的操作则更为灵活，同样是 30 元货款，你可以退 0.01 ～ 30 元任何数值的金额，而且还有留言功能，告知顾客退款缘由，顾客的微信会收到退款信息。

退款信息

* 退款金额	0.01	(最多30.00元)
退款原因	你填写的手机号错误，请速联系大八仔客服	
	19 / 20	

非必填信息，若填写将展示在下发给用户的退款消息中

提交申请　　返回

微信支付商户号的退款功能。此功能还兼有联系顾客的作用，遇到顾客填写了错误的手机号时，可以退 0.01 元并附上留言内容

退款到账通知	退款到账通知
10月13日 21:28	10月13日 14:10

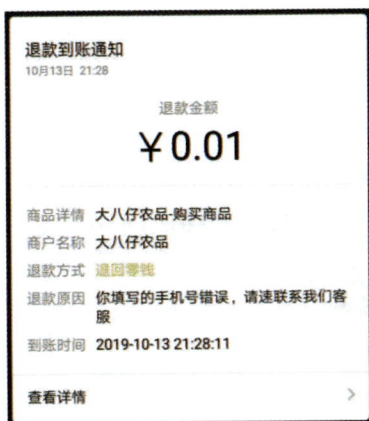

微信商户平台退款具有留言功能　　　　商城后台退款通常没有留言功能

　　我在退款事宜上经常遇到下面这样的问题。

　　比方，某位顾客买 1 包芝麻糊粉（25 元）和 2 斤绿壳鸡蛋（75 元），一共 100 元，由于小程序设置了"满减送"，满 100 元减 2 元，顾客实际付款是 98 元。此时，如果顾客不要芝麻糊了就要退款，系统默认是退款 24.5 元（$25-2×25\%$，把满减送部分扣除）。这是一个比较合理的数字，但是顾客不一定认可，觉得你从中克扣了 0.5 元，一下子你就成了"奸商"，除非你专门去解释，要不很难消除误会，就算误会消除，顾客也会觉得你为人吝啬。因此，为了避免误会，减少顾客流失，这种情况最好就不要使用小程序商城后台的默认退款方式了，建议登录微信商户平台进行自定义退款。

4.5 客服系统

　　小程序的客服系统是买卖双方日常沟通的重要工具，该系统是微信小程序平台自带的，不需要开发和安装，在平台绑定接收客服信息的个人微信号即可启用。

顾客咨询客服，商家的微信号会收到提示   客服对话界面

一般小程序商城都会内置客服按钮，如果需要在指定页面增加客服按钮，可以在其 wxml 页面底部加入如下客服组件代码：

```
<buttonclass="call"open-type='contact'>客服</button>
```

以下为客服按钮样式代码，指定形状、大小、背景色，可放在全局样式控制文件 app.wxss 中。

例：

```
.call{
line-height:85rpx;
margin-right:0;
width:80rpx;
height:80rpx;
margin-top:0rpx;
padding:0rpx0;
background-color:#0099ff;
font-size:22rpx;
color:#fff;
position:fixed;
bottom:30rpx;
right:5rpx;
border-radius:40rpx
}
```

完成以上操作后到微信公众平台小程序后台,点击左栏目菜单"客服"绑定客服人员,小团队的话使用一个微信号捆绑即可,虽然平台支持多个微信号成为客服账号,但是多人客服容易造成信息管理混乱。

一个小程序最多可以绑定 100 个客服微信号

4.6 库存管理

很多人可能对库存管理不以为然,认为这是很简单的事——不就是修改下数字吗。事实上,在实践过程中,我发现库存管理是件需要慎重对待的工作，管理不好会影响工作效率，甚至产生负面效应。

就举我亲身经历的一个例子。我平时同时在微信和小程序进行销售，顾客 A 在微信上找我买 2 斤砂仁根，砂仁根的总库存就剩这 2 斤，所以卖完就没货了。可我忘记到小程序修改库存，或者人在外面来不及进行修改，碰巧又有顾客 B 在小程序下单购买 2 斤砂仁根，结果造成小程序下单的顾客无货可发，要向顾客解释需等待几天才有货，或者让顾客选择退款。

向顾客道歉和作出解释，这些操作看似没问题，但非常影响用户体验。曾经就有一位顾客和我说，没货就不要上架，怎么付了款就说没货呢，不是这样做生意的，太儿戏了！我觉得顾客批评得非常有道理，谁遇到这种事都不会开心，如果反复出现这样的事情，会对经营口碑造成很不好的影响。

那么该如何减少库存管理失当的情况发生呢？我总结了几个小办法。

1. 库存排序

商品较多的话，难以发现哪件商品即将售罄，如果商城后台管理提供库存排序，那么就要充分利用这个功能，按"低到高"进行排序，一眼就能发现哪件商品的库存较少。我平时就是使用库存快速排序功能对整体库存进行把控，提前做好备货工作。

2. 显示库存 < 实际库存

销售的过程中你会发现，很多商品因为存在瑕疵或者有损耗，导致最终销售数量低于进货数量，所以必须将显示库存适当降低，预留库存空间，以避免销售尾声接了订单却无货可发。如果某件商品的进货量有 100 件，那么显示出来的库存可以减少 10%，也就是填写为 90 件，当进入销售收尾阶段再对商品进行一次盘点，修改库存。

3. 短信预警

我们日常都会有很多工作要做，不一定会经常打开电脑查看商品库存，短信预警在此时就能发挥重要作用。短信预警功能可以设置当商品存货数量降至某个值时，系统自动往指定的手机号发送一条提醒短信，经营者可及时了解有哪些商品需要补货。

短信预警功能非常实用而且必要，购买小程序商城时必须把此列为重要的考虑因素，当商品种类越来越多时，如果没有此项功能，库存管理将会非常麻烦。

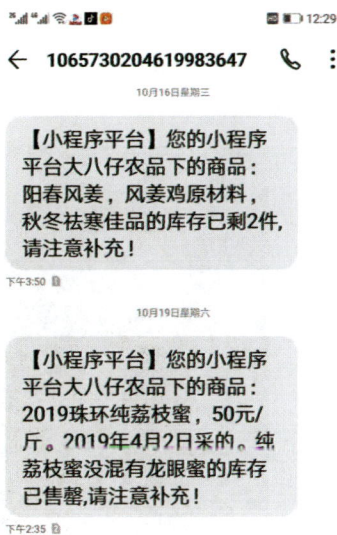

库存短信预警

4.7 配送管理

配送管理是小程序商城日常运营的重要环节，较为复杂，容易出差错。目前大部分商城都支持三种配送方式：到店自提、商家配送、物流配送。

1. 到店自提

"到店自提"适合有线上和线下结合的实体店铺，如果你主打线上购物，则不建议提供该服务，因为"到店自提"会产生两个问题。一是自提时间对接问题，你很难确定顾客什么时候到，如果你手头有其他事情要做，这边又要等顾客来自提，会耽误工作，降低工作效率，一天下来你会发现你配送不了几个单。还有一个问题就是，你的自提点外观上是否够体面，如果简陋、偏僻，可能会影响商城在消费者心目中的品牌形象。

大八仔农品第二配送点刚开张的情形，位于一个住宅小区的偏僻角落

2. 商家配送

"商家配送"即商家自己送货，只有一个配送点的情况下这种操作基本不会出什么问题，但是一旦配送点较多，配送人员较多，则容易出现漏送、重复送的现象。例如，你有 A、B 两个配送点，某位顾客

的地点位于两个配送点中间，假如 A 和 B 的配送员没有进行沟通，两边就会以为是自己配送范围或者均以为是对方配送范围，这时就造成重复配送或漏送的情况。这种问题我们就曾出现过，A、B 几乎同时发货，在后台提交发货状态时才发现问题。

为了减少出现上述问题，我们采取了两种办法。一个是建立配送微信群，对不明配送责任的订单进行及时沟通；另外，在小程序结账页面设置配送点选项，由顾客选择配送点，我们以此作为参考。如果你的配送点越来越多，建议升级为连锁版商城，这个版本可单独管理进销存。

3. 物流配送

物流配送这块，我本以为设置好快递的收费标准就万事大吉，日常运营过程发现事实并非如此，商品定价的错综复杂，固定的收费标准难以灵活应对。

比如你在卖钻戒和砖头，钻戒是包邮的，砖头是个包邮的，如果有顾客同时买了一个钻戒和一块砖头，这邮费收还是不收？也许你觉得戒指赚了不少，就大方点不收砖头的邮费，但如果顾客买的是一个戒指和一千块砖头呢？又比如订单一般都需要满足一定消费额才免费配送，例如满 25 元免费送货，但有些商品是需要称重付款的，就说肉鸡，无法在小程序上提前付款（除非你按只卖），也不可以支付 0 元，这时你可以设置 1 分钱的定金，然后货到付款。你可以针对肉鸡设置一个"满 1 分免费送货"邮费模块，但是如果顾客买了一只鸡和一斤黄豆，情况就复杂了，多数系统会默认选择全局设置，也就是不足 25 元不予免费配送。

小程序的邮费模板设置都是固定的，虽然你可以针对不同的商品建立多个收费模块，但是最终结账时只能选择其中一个邮费模块，顾客在一个订单里同时购买了多件邮费标准不同的商品，系统默认收取的邮费往往会和实际经营意愿发生冲突。目前大部分小程序商城都很难灵活应对这些复杂的情况，只能像淘宝一样，在支付前联系商家修改运费。

4.8 资讯发布

发布各种产品资讯引导消费是微商必不可少的运营手段，资讯包含文章、视频、音频等。说到底，发布资讯的目的就是为了更好地推销商品，所以在资讯页面应该能直达商品，而不是要顾客返回首页自寻商品，这就需要文章发布系统支持关联到商城模块。

发布产品的相关文章，关联到商城对应的产品，方便读者购买

关联好之后，小程序文章页面就内嵌商品链接

4.9 用户画像

　　微信公众平台为小程序提供了诸多管理功能，由于工作比较忙，大部分功能我关注得都比较少，但是"用户画像"和"来源分析"建议时不时查看一下。"用户画像"支持查看小程序新增或活跃用户的性别、年龄、地区、设备的分布情况，经营者可以清晰地了解到自己的用户群体特性，这些数据对经营策略起到重要指导作用；"来源分析"

可以让经营者清楚地了解到用户从哪些入口进来，这样在推广上就会有所侧重。

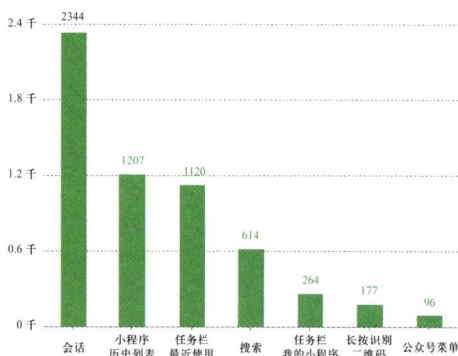

来源分析：了解小程序的主要入口

年龄分布

| 活跃用户数 ▼ | 最近30天 ▼ | 2019-09-14至2019-10-13 |

● 未知 ● 17岁以下 ● 18-24岁 ● 25-29岁 ● 30-39岁 ● 40-49岁 ● 50岁以上

用户画像：了解用户的结构

本章小结

小程序商城的后端管理并不复杂，花一两天时间人人都可以学会，但是在你未使用前，你并不清楚原来还有这么多细节对经营效率影响是如此之大。比方，后台管理没有 App 版这一条就能令你悔不当初，发布的文章如果不能关联商品，那么你辛辛苦苦做的推广则事倍功半。

第 5 章
获取种子用户

"

搭建的小程序商城后如果很少有用户前来消费，那么商城就会形同鸡肋，浪费时间和资金，这样的情况必定会重挫创业信心。项目启动后的前三个月能否获取可观的种子用户，是事关创业成败的关键，可是你又没有多余的经费去做付费推广，怎么办才好？

在前面我们了解到搭建一个小程序商城是非常简单而轻松的，只要办好证件再花点钱就能办好，可以说对于每一个人都没有困难，而真正具有挑战的任务则是小程序的初期推广。建好了小程序而不去推广，既浪费时间也浪费金钱。不过还有一种情况是，推广做了，钱也花了不少，但来下单的依然寥寥无几。对于一个生活上都需要节衣缩食的小微商，在小程序运营初期究竟应该怎么样去做推广呢？如何花最少的代价去做最佳的推广呢？

事实上，推广的方法不会是一成不变的，在不同的成长阶段我们需要不同的推广策略，初期可能会简单粗暴点，往后又会稳重成熟点。这里将分享我过去获取种子用户的方法，这些推广方式目前我已经很少使用了，但是在起步之初确实是一个不用花钱且效果又好的办法。

5.1 快速将小程序分享至全部好友

小程序搭建后，我们第一时间想到的就是要将其分享至微信好友，但是有这么一种情况：微信通讯录虽然有好几千个好友，但由于微信曾经重装过的原因，导致绝大部分好友都没有出现在微信首页的会话列表。这样就无法将小程序卡片转发至全部好友，因为微信转发的对象必须是在微信首页会话列表中出现的好友。

有什么办法可以将所有好友都显示到会话列表上？使用微信自带的群发功能显然是无法实现的，因为群发不会激活会话列表。那么该怎么办？难道要一个一个地给每位好友发信息？也不是，下面我为大家分享一个"独门秘籍"。

首先用电脑登录电脑版微信，点击界面左侧通讯录菜单可看到所有好友的名单。

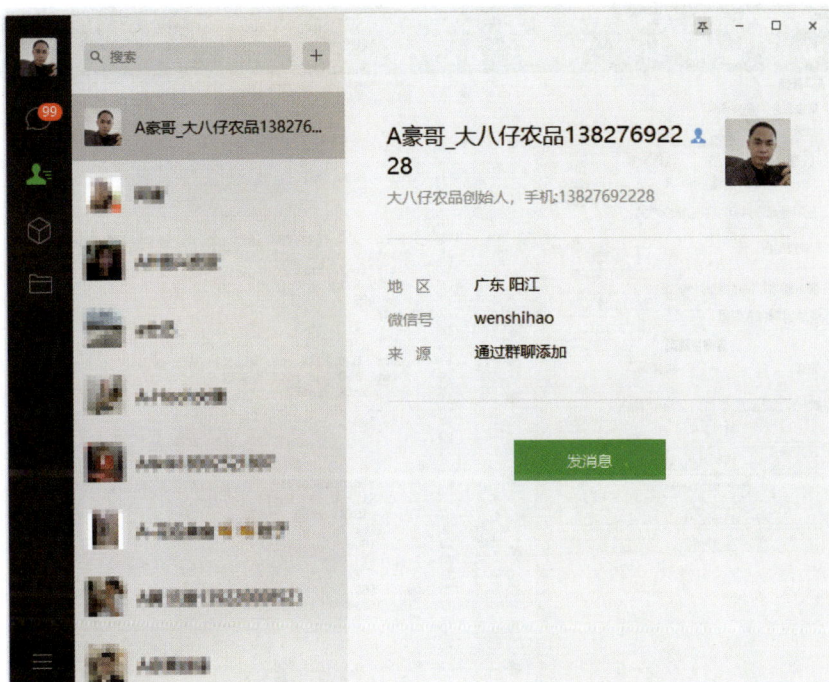

在微信电脑版通讯录点击好友头像，再点击"发信息"，不用发送任何内容，
好友头像便出现在电脑版微信的首页会话列表

如果你试着点击一位好友的头像，再点击"发信息"按钮，不用发送任何内容，你就会发现这位好友的头像出现在会话列表了。也就是说，要将全部好友都激活到会话列表，只需在通讯录里面重复上述动作，这些点击操作虽然很简单，但由于好友数量较大，人工是难以胜任的，这时可以使用模拟鼠标键盘动作的软件来完成任务，例如"按键精灵"。

按键精灵的使用方法简单易懂，编写一些脚本代码即可执行一系列鼠标键盘动作，从而代替人的双手，这也是游戏玩家经常使用到的软件。下面我将简单地介绍一下它的使用方法，如果想更深入地学习则要到其官网浏览教程。

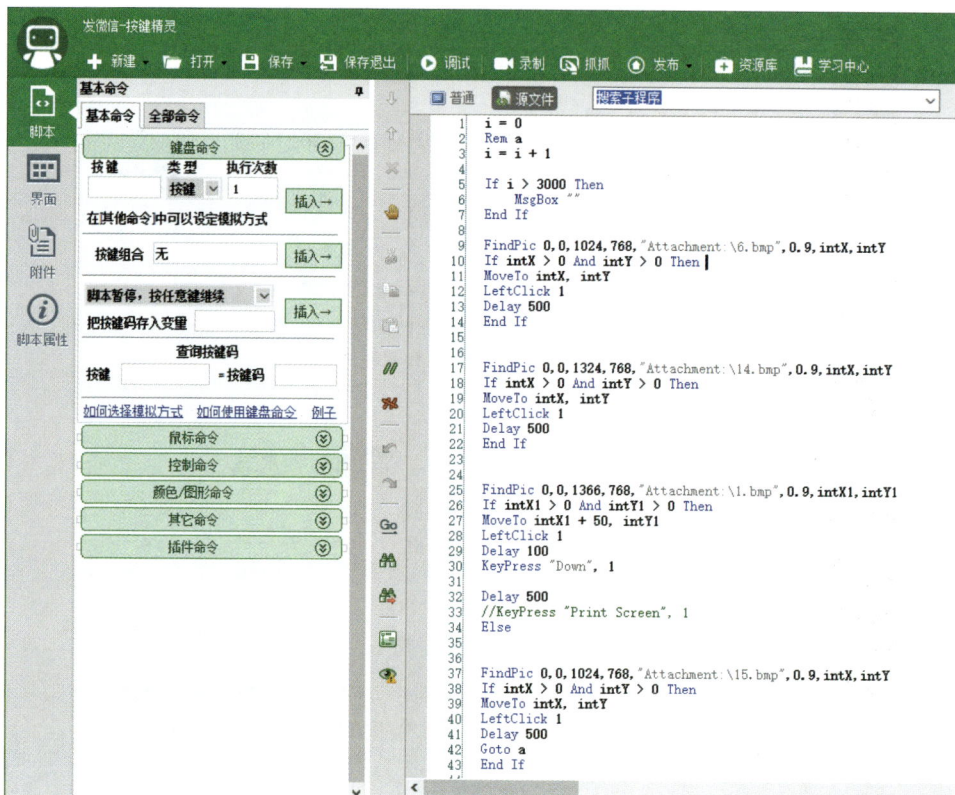

按键精灵

例如，我们要点击微信的通讯录图标，就要使用按键精灵的图形命令对这个图标进行坐标定位。假设图标名称为"通讯录图标 .bmp"，屏幕像素为 1024×768，执行下面这段命令即可。

```
FindPic 0,0,1024,768,"Attachment:\ 通讯录图标 .bmp",0.9,intX,intY
If intX > 0 And intY > 0 Then
MoveTo intX, intY            // 将鼠标移到图标处
LeftClick 1                  // 左键单击
End If
```

这些代码不用自己亲自编写，在软件操作界面上选取"区域找图"
选项就会自动生成代码。如果需要用到按键盘的下箭头，也很方便，
用下面的命令即可。

```
KeyPress "Down", 1   //1表示按的次数
```

如果要在微信对话框输入文字，可以事先写好文字，复制之后，
直接运行下列 Ctrl+V 组合命令。

```
KeyDown 17, 1
KeyPress 86, 1
KeyUp 17, 1    // 以上三行为执行 Ctrl+V 的命令
```

又或者通过输入法的"自定义短语功能"快速输入，例如设置"a"
字母对应句子"祝您节日快乐！"只要使用以下命令即可输出文字。

```
KeyPress "A", 1
```

使用按键精灵之前建议先学习其官方教程，试着编写一些简单的
代码，相信大部分读者很快就能上手。使用按键精灵后，哪怕要激活
五千好友到会话列表，也就半天工夫。

通过上述办法将通讯录的全部好友都激活到会话列表后，下一步
就可以分享小程序卡片至每一位微信好友了。如果你的好友较少，或
者不是很着急的话可以手动分享，一次可分享至 9 个好友，一天分享
几百个好友不在话下。如果觉得手工分享烦心而且速度慢，可以使用
按键精灵操作电脑版微信进行小程序的转发，就在我写作本书的过程
中，微信电脑版已支持浏览和转发微信小程序。经过测试，在半小时
内连续发送小程序给约 270 个好友后，会提示"操作过于频繁"，建
议适当降低发送频率，例如设定每 30 秒发送一人。

PC 微信 2.7.0 版后支持转发小程序

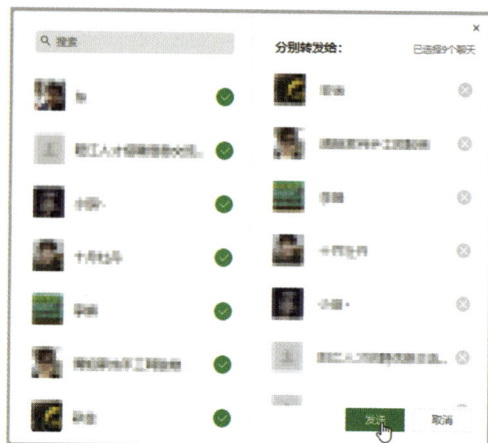

每次转发最多可选择 9 位接收者

5.2 巧用风趣搞笑小视频引流

通过在小程序发布小视频来引流是一个非常有效的获取种子用户的方法，这招我屡试不爽，通常一个小视频分享到数百个微信群后能带来 2000 个以上访问量。不过一定要把握好视频内容的尺寸，充分了解当下国情，有不确定真伪的视频内容或者涉及地方利益、警情、领导、政治、意识形态、民族主义的内容要慎之又

慎，把握不好容易惹祸上身。特别是一些很能吸引眼球的社会治安类的小视频，要待官方发布后才能发布，否则一不小心就成了"造谣者"。我的经验是，只发布当地一些风趣搞笑的民间小视频。

那么如何通过小程序发布小视频呢？首先要谈一下如何获取小视频。

获取小视频的方法很多，可以网上下载，也可以到微信群寻找，但通常我们都忙于日常工作，很少还有精力到处寻找小视频。这里介绍一个最简单的方法，能快速获取各个微信群网友发布的小视频。

首先打开微信电脑版，点击左下角菜单，点击"设置"，点击"通用设置"，可以看到"文件管理"一项，再点击"打开文件夹"按钮即可进入微信的数据目录。接着进入"FileStorage\Video"目录便可看到大量在各个微信群出现过的小视频，在这里挑选你需要的小视频即可。如果你需要更多的选择，可以多加一些微信群，并且平时不关闭微信电脑版，那么群友在微信群发布的小视频都会自动保存在 Video 目录。

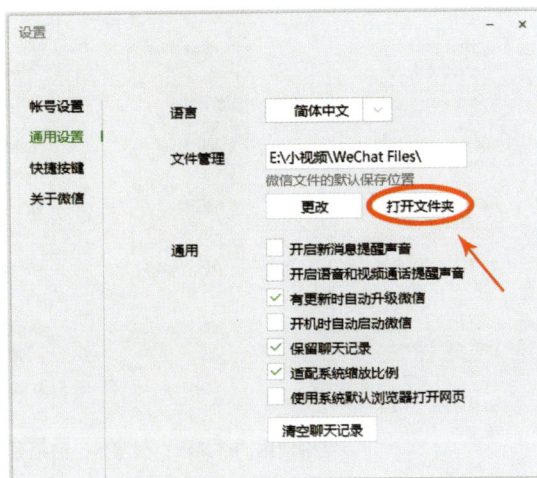

接着就是如何发布小视频了。

获取小视频后可以通过"快剪辑"之类的 App 进行编辑，然后就可以上传了。通常小程序服务商提供的产品一般都不支持视频上传功能，你可以将视频发布到腾讯视频（v.qq.com），这里是免费的，不过开始播放时会有腾讯的广告出现，而且速度比较慢。我就曾经使用过一段时间腾讯视频，速度慢得令人揪心，后来改为第三方的收费存储服务才得以改善，可见有些钱是不能省的。

第三方存储服务商众多，读者可以上网搜索一下，我使用的某云平台，每月有 10G 的免费流量供你使用，超出部分则要收费，具体收费标准我没留意，反正使用量也不大，每月几十元的样子，不过如果你发布的小视频访问量较大，每月几百上千元也不足为奇。

文件名	文件类型	存储类型	文件大小	最后更新	操作
☐ 00b92733b546270554ac57 2f63c90abb.mp4	video/mp4	标准存储	2.13 MB	2019-03-17 10:16:22	👁 ⋯
☐ 04789e330043b2b09faad9d b7561a409.mp4	video/mp4	标准存储	707.85 KB	2019-01-21 16:41:05	👁 ⋯
☐ 06180104e0dba68833ad7a 26f892809d.mp4	video/mp4	标准存储	5.75 MB	2019-03-17 10:23:43	👁 ⋯
☐ 0e01e50f67a2e3ab0fce50e 0bd5990a5.mp4	video/mp4	标准存储	1.48 MB	2019-01-22 17:52:23	👁 ⋯
☐ 1164751_bc92ab7388222f1 3828192e97c98de43_0.mp	video/mp4	标准存储	1.11 MB	2018-11-18 17:42:00	👁 ⋯

笔者使用的某某云存储服务，必须要拥有一个域名才能使用

使用这类收费存储服务的优点是视频打开速度快、不含广告。不过也有一道坎，那就是其提供的域名一般都存在有效期，例如超过 1 个月就不能使用它们提供的免费域名，需要使用你自己的域名，这主要是服务商为了规避法律风险，以免你使用它们的域名发布一些非法内容。

这样的话你就必须要有一个自己的域名，而且该域名需要经过备案，尽管域名备案有点麻烦，但并不是什么难事，提供相应的资料一般很快都能通过。目前做域名备案必须要有接入商，也就是需要有主机，建议购买一个最便宜的虚拟主机，费用二三百块一年。如果不想购买域名，还有另一个办法，就是向熟悉的朋友暂时借用一个二级域名（如 *.xiangshu.net），让对方做一下 CNAME 解释即可。

　　小视频素材和域名都有了，小视频也上传到存储空间了，接着就要将小视频放到小程序上进行播放。要在小程序上面播放小视频，就需要小程序具有内容管理系统，简单地说就是小程序要有发布文章的功能，将小视频的链接复制到文章发布系统对应的选项即可在小程序播放视频。购买小程序前一定要向服务商咨询清楚有没有内容管理系统，没有该功能就无法播放小视频、音乐，使用小视频引流也就无从谈起。

　　值得注意的是，采用该方法引流而发布的小视频，内容上往往都和经营的主题不搭调，假如一个卖农特产的小程序却天天发一些八卦小视频上去，顾客看到就会感觉你的小程序不伦不类，有损品牌形象。这种情况的解决办法是先在内容管理系统发布小视频，然后将该页面的小程序卡片分享给自己，再在内容管理系统上把小视频的页面设置为"不显示"，那么顾客就无法在小程序上看到该小视频的入口。

在容管理系统发布小视频　　　　　隐藏小视频

5.3 加满 1000 个微信群

加群发布广告是最没技术含量但成本最低的推广方式，虽然目前大部分微信群要么死水一潭，要么广告满天飞，以致留意群信息的人也越来越少了，但是只要群的数量足够多，总会遇到有需求的顾客找上门来。例如我分享盐焗鸡的小程序卡片还有煮芝麻糊的小视频上微信群，就会有人添加我微信进行咨询，记得有一次分享一个风流果的小程序卡片到了大约一千多个本地微信群，几天时间就带来了 1 万多的点击率，那是因为人们对风流果这种果子充满了好奇。

笔者每个微信号都几百个微信群

有人说在微信群发广告要讲技巧，要先在群里面建立权威，再渐渐带出广告，我认为这些都是多此一举，一般人都没有这功夫，何况广告就是广告，再怎么伪装，时间长了别人一样看得出你是来打广告的。我通常就是直接分享小程序卡片到群，很少群聊其他话题，但是把我踢出群的情况却很少，因为只要把握一个频率，不是天天刷屏，而且没有违法低俗的内容，群主一般都可以接受适量广告，很多时候我都是几个星期才会发一遍，逐渐地大家也见怪不怪了。

到微信群发布广告不是一劳永逸的办法，因为时间长了人们对你的广告也不感冒了，但这种操作确实是小程序上线之初获取种子用户的简单而有效的方式之一。不过，要看到效果的前提是微信群要足够多，手上如果只有一百多个微信群，基本上看不出什么推广效果，建议最少要加满 1000 个微信群，一个微信号加不了那么多，可以建立多个微信号添加，做专职微商不应该只有一个微信号。

那么如何才能加满 1000 个微信群呢？

首先，起码要有 4 个以上微信号，一两个微信号是很难添加如此多微信群的，何况一个微信号添加太多的群也会影响正常信息的收发，我一个人就有 5 个微信号，手机两三台，主要用于日常接单和推广。下面我来分享一下如何在 3 个月内添加 1000 个微信群的方法。

1. 朋友拉群

其实我并没有刻意安排每天要加多少群，有时候和朋友、顾客、合作伙伴聊天，聊到相关话题，就顺便请他帮忙拉入几个微信群，如此日积月累。当然，请朋友拉群也要看场合和人，遇到好说话的人或者亲属我才会提出请求。

2. 微友换群

通过换群的方式可以在较短的时间内添加到大量微信群，也就是你拉对方入 10 个微信群，对方同时也拉你入 10 个微信群，我的微信群有 6 成都是和别人交换而来的，目前这类需求的人很多，特别是微商。

3. 自建群

自建群会占到一小部分，总数不宜超过 100 个，否则难以管理。初做微商时我还没有开通小程序，主要通过自建群和朋友圈揽客。自建群的名称最好不要和自己的生意挂钩，带有商业目的群容易被排斥，试想别人拉你入群是为了让你看她发广告，你会是什么感受。我建立的大部分都是兴趣爱好群、老乡群、二手交易群、同城买卖群，没有直接销售农特产的群。

总而言之，加微信群做推广每个人都会，根本就不需要外人指导，也算不上什么秘诀，但实际情况是大部分人加的微信群太少，往往由于一时看不到效果而放弃。如果能加到 1000 个微信群，则会由量变引发质变，这才是秘诀所在。也有朋友觉得加群太麻烦，我觉得并不是这件事有多麻烦，而是还没有动力刺激你去做，一旦你的小程序没人下单，那边又要发工资要吃饭，这时你就不会嫌麻烦了。

虽然随着顾客数量的增加，如今我很少在微信群做推广了，但可以预见的是，如果没有当初在微信群推广带来的这批流量，小程序的关注数量就上不去。

5.4 我的微信好友大部分来自公众号

群发小程序虽然点击的人不少，但转化率并不高，真正下单的只有千分之几，也就是一千个人点击后购买的人就那么五六个，广撒网也只能捞到几条小鱼。

在做小程序之前我曾经业余做过一个地方订阅号，当时有 1 万左右的关注量，后因发表了一些个人评论被请去谈话了几次便失去了更新的积极性，做了农特产后我便将公众号改头换面，连名称都改了，平日发布一些农特产方面的文章。

我发布的每一篇文章底部都留有微信二维码，渐渐有一些对农特产有兴趣的订阅者就会添加我的微信，加上其他方面的一些来源，大约经过半年左右的时间微信好友已经满了 5000 人，而这 5000 人中大部分都成了我的顾客，可以说是非常精准地锁定了用户，毕竟对农特产没兴趣的人也不会加我为好友。

做小程序微商，公众号可以说是标配，前面的章节我也介绍过，注册小程序时也要先申请一个服务号，如果文章产量低的话有一个服务号其实就足够了（每个月只能推送四次），产量高的话就要注册一个订阅号（每天可推送一次）。很多做小程序微商的朋友会忽略公众号的作用，原因有多方面，主要原因还是现今公众号的阅读率普遍下降，而且吸粉越来越难。

不过，如果仅仅认为公众号要有较大订阅量才有价值，那就大错特错了。对于微商来说，我们经营公众号的目的并不是获取多少粉丝，而是分享信息，需要这么一个发布平台。为了增粉而增粉，那么公众号会做得很累，如今它的流量红利期早已过去，增粉的成本非常高，况且增粉的最终目的还不是为了更好地销商品，而不是为了粉丝量的数字好看。

对于微商这种经营模式，一个新用户看了你的文章后直接在公众号点击链接下单的情况还是比较少的，就算用户通过文章了解了你的产品，也不一定了解你这个老板，你不是什么大公司、大品牌，准顾客还是希望能和老板进一步沟通后再下单，这就是为何我会在每篇文章底部放上微信二维码的缘故。

公众号运营过程中，我曾遇到这么一个例子，是顾客亲自和我说的。

一个不是公众号订阅用户的人，在一个偶然的场合看到了我发布的文章，虽然他对我的产品还算感兴趣，但还不足以刺激他去关注我的公众号，也很难说他以后还会不会那么巧再看到我发布的其他内容，这样一来我就白白浪费了一个顾客资源。幸好我在文章底部留了私人微信二维码，这位朋友便顺手添加了我的微信，日后的互动中他果然成了我的顾客。

有意思的是，我还喜欢在文章底部放上个人介绍，不错过任何推销的机会。有人觉得自己只是一介农民，放个人介绍显得有点自不量力，其实只要个人介绍写得接地气，就算是一个草根，也有很多访客会抱着好奇心看一下，这对建立个人品牌百利而无一害。

微商做公众号的主要推广手段除了分享还是分享，分享到朋友圈，分享到各个微信群，以及所有你能分享到的地方，还可以鼓励顾客分享，并给予适当的奖励。当然，能依靠优质内容获取流量那是最好不过的了，但这不是我们普通人轻易就能做到的。如果你本身没有什么能吸引眼球的内容，那只能靠勤分享，这是最原始最简单的推广方式。

公众号的访问量虽然每况愈下，但是微商结合公众号来运营还是很有必要的，特别适合前期用于增加微信好友数量。

5.5 小程序多模块运营

目前我所见到的小程序商城大部分都仅有一个商城系统，单一功能的好处是纯净，不拖泥带水，卖货就是卖货，不搭上其他东西。凡事都有利有弊，适合别人的却不一定适合你，如果你本身就有较高的认知度，小程序的作用只是为了完成交易，简单一个商城就足矣。但是对于大部分创业者来说，人们对你和你正在做的事情还是闻所未闻，那就需要多给一些别人认识你的机会。

小程序多模块运营通俗地说就是给小程序增加一些功能应用。比如用户不一定经常会在你的小程序商城购物，但可能经常在使用你的社区功能，这样一来你就具有更为丰富的展示渠道，增加了用户黏性，提高了存留率。以下是部分比较常用的小程序模块，在此简单地向读者朋友们介绍下。

1. 社区模块

社区模块类似网站上的 BBS，用户可以在社区对各种话题进行交流，此模块可大大提高小程序的用户黏性。当然风险也是很大的，最大困扰就是管理问题，如果严格依照公安机关的网络安全管理规定，需要专人 24 小时对用户发表的内容进行审核。偷个懒虽然理论上是

可以的，可一旦发生了舆情事件，或存在负面信息，那么你的轻松日子就到头了，轻则约谈，重则关闭。

有段时间我也曾想过在我的小程序上面增加一个社区模块供用户交流，但思前想后最终还是放弃了，就是出于上述考量，既没有精力进行审核，更无法承受关闭之痛。

增加一个交互式社区，吸引特定圈子里的网友进来交流，对提升整个小程序的流量大有帮助，如在审核上有充足的人手不妨一试。要注意的是，根据微信小程序资质要求，搭建交互社区需要提供一个已经备案的域名，首次提交代码还需经当地互联网主管机关审核确认。

2. 拼团模块

拼团模块可以设置一个商品一旦能达到指定购买人数，顾客就能以一个相当低廉的价格买入，相信用过拼多多的朋友都明白拼团是怎么回事。这些参与拼团的商品通过社交关系链进行分享，如果商品在价格或者品质上具有诱惑力，就很有可能实现裂变式传播，快速提高小程序曝光率。

除了普通的商品拼团功能，目前还有一种叫"社区拼团"的新玩法正在兴起，商家提供商品、物流和售后服务，在各社区招募"团长"并要求其建立拼团微信群，"团长"在微信群发布商品拼团链接，成

功交易后"团长"抽取一定比例的佣金。不少小程序服务商都提供"社区拼团"模块，但是这个模块收费不菲，比商城系统还贵。

一开始我也使用过拼团模块，但那时用户基数少，而且价格没什么优势，参与拼图的人寥寥无几。我发现做拼团的话，拼团价要比市场价低很多才会吸引顾客，只是比市场价低一点点是很难撼动顾客的。其实拼团在本质上也算是花钱做推广，价格较为透明的商品做拼团不是亏本就是微利。

3. 名片模块

名片模块就是"群名片"，曾经是一个很火爆的应用。名片模块主要用于制作和展示个人商务名片，使用者通过交换个人电子名片可沉淀自己人脉关系，也带动了平台的流量。

我曾经在小程序上使用过该模块，建好了名片分享到微信群，几天时间就发现有 2000 多个访问量，前来建立名片的人也过百。不过该模块会很快进入使用疲劳期，多数使用者都是"三分钟热度"，图个新鲜，最后会经成了一块鸡肋。名片、电话本这种通信类的模块只可作为一个用于拉新的临时模块，花两、三个月用心推一推，获取一批新人后就关闭它。

4. 内容模块

内容模块即此前提到的内容管理系统，主要用于发布文字、视频、音频，是我尝试过的众多模块中唯一还被保留的模块。

商城日常运营中难免要发布一些公告和新品介绍，小程序必须要安装内容模块方可实现。内容模块一般都具有评论和点赞功能，支持公众号文章采集，也支持付费阅读，介绍某款产品的时候还可以链接到商城的商品页。

运营内容模块过程中特别要注意的是评论功能一定要开启人工审核，虽然你认为留言无需审核更方便，但并不是所有人都那么自觉，一旦出现一些不良内容而又未能及时处理，这是非常有损形象的，顾客会觉得你的商城平时没人打理，直接影响购买欲。

购买内容模块一定要咨询清楚是否支持关联到商城系统。如果支持，那么你在介绍某款商品的文章里便可链接到这款商品在商城对应页面，以方便顾客点击进入下单，不支持关联商城的话，就算这篇文章浏览量再大，网友也不清楚究竟到哪里下单。

5. 砍价模块

每个人都应该有过被亲戚朋友请求帮忙砍价的经历，这种拉人砍价的行为虽然不受人待见，但我们又不得不承认砍价对商家来说是一

种行之有效的营销模式，巧妙地"挟持"顾客去"绑架"他的亲友。

不久前，我有一位亲属想在某购物平台买一个 300 多元的行李箱，当时该行李箱正在进行砍价活动，只要找到 100 个人砍价就能以 0 元获得。此活动诱惑力非常大，亲属便发动亲朋好友来帮忙，我也是其中一位，虽然我很少帮人砍价，但是既然亲属发声了总要帮个忙，反正砍价又不需要出钱。最终亲属以 0 元买到了那个行李箱，部分参与砍价的亲友最后也成了该购物平台的新顾客。

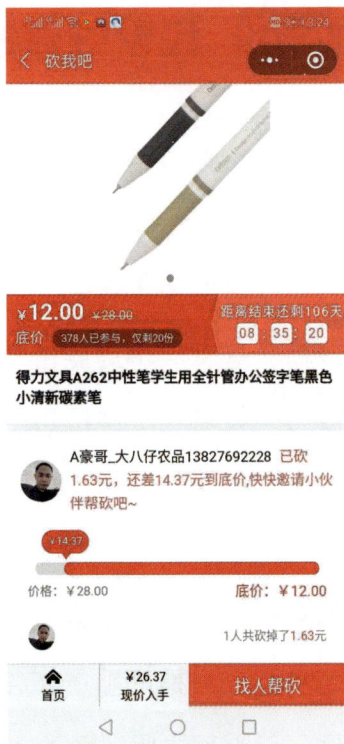

6. 为什么要更换模块

商城小程序可搭配的模块很多，这些模块在小程序应用市场和第三方服务商处可以购买，将其代码和商城代码打包上传发布即可，目前小程序底部最多支持 5 个选项卡，所以增加模块不宜过多，以一两个为佳。

其实，大部分模块过了新鲜期使用率就会直线下降，最好的策略是经常更换模块。我第一次使用的模块是"知识问答"，编辑一些地方的历史文化知识分享到当地微信群供网友解答，用了一两个月后几乎就没人玩了，又换成"微信名片"模块，火热了一段时间也是无人问津，不过经过多轮模块的更换，小程序已收获了不少新用户。

5.6 经营好你的朋友圈

有一天，我接到一位顾客的来电，问我还有没有芝麻糕粉卖，我说天天都在卖啊，顾客带有抱怨的情绪说很久没见我发朋友圈广告了，以为没有再卖了。其实我天天都要发朋友圈广告，但是有段时间确实没有发芝麻糕粉的广告了。顾客建议我要多发广告，我反问顾客广告发多了大家会不会反感的？她说她之所以加我微信，就是想看看广告有什么东西可买，不为别的。

在日常运营中，我发现大部分顾客都表示没有时间去细看小程序，希望有新品出来能第一时间发布到朋友圈，因此我每天都坚持发几条朋友圈，只是产品的数量是有限的，每天千篇一律地发相同的内容，顾客容易产生视觉疲劳。后来，我发现每次发布促销信息到朋友圈后，订单量都会增加不少，看来促销信息是很受欢迎的，我便隔三岔五就发布一些买芝麻糊送鸡蛋，买盐焗鸡送鸡蛋之类的促销信息。

其实我也经常看朋友圈，主要想了解一下其他微商都在卖什么，久而久之我发现一种现象，那就是大部分微商每天纯粹只发广告，很少涉及其他话题。就此问题我也和个别微商闲聊过，他们主要担心怕泄露个人生活上的信息，或者担心表达的某个观点得罪和自己意见不一致的顾客。如果要探讨这种做法好还是不好，只能是见仁见智了。把自己包裹的过于严密，也会失去个性，使得你给人的印象如同一个只会发布广告的冰冷机器人。

和其他微商相比，我则显得"多嘴多舌"，平时会适当发布一些生活见闻和个人观点，这样顾客才知道你是个有血有肉的人。

当然，言多必失，朋友圈各行各业的人都有，发布前也要考虑会不会伤害某个人或者某个组织的感情。比如，你可以说现在社会道德滑坡，而不应说某个组织办事不力，因为顾客里面也许不少就是其职员，甚至有可能是你潜在的大客户，很可能因为你的一番言论令对方不爽。这当然不是扼杀每个人的观点，发言要看场合，毕竟是做生意的，人脉关系很重要，还是要做尽量做个少得罪人的"老好人"，有些话题可以在其他场合发表。

对于一些时政、历史类的文章尽量少分享到朋友圈，就算分享最好不要加上评论，我在这方面就曾吃过亏。关心政治、历史本是每个人的自由，但目前社会风气是，你关心这些反而会给人一种"闲着没事干"的感觉，你的评论也容易引起不同立场人士的不满，从而对你进行举报。

除了经常发朋友圈，我也喜欢点赞。

没有一个人会讨厌别人去点赞他，除非你使用外挂去频繁点赞，使用外挂点赞不但效果适得其反，而且还有被封号的风险，现在腾讯对此类影响微信正常运营的微商软件打击力度非常大。

点赞的动作也是千篇一律，前面我已经介绍了按键精灵这个软件，同样可以用在朋友圈点赞上，让它代替人工操作。不过有些不适合点赞的内容按键精灵则无法排除，比如有一条朋友圈说她感冒了，你总不能也去点个赞吧？此前我把 5000 个好友点赞了一遍，就出现过上面的问题，后来我就换了一种方式，把点赞改为留言，节假日在每一个微信好友朋友圈留言一些祝福语，这样一来不管对方发的是什么内容，都不会引发误会。

使用按键精灵逐一点赞每一位好友朋友圈的方法如下：打开电脑版微信，用按键精灵提取每一个好友的微信号，再使用ApowerMirror（手机投屏软件）将手机投屏至电脑，在微信通讯录页面顶部找到搜索框，通过按键精灵编写代码逐一搜索微信号，即可进入对应好友的朋友圈进行操作。

朋友圈点赞不宜过于频繁，避免造成骚扰，不过有一种点赞就算是天天去点都会广受欢迎，那就是微信运动。据我统计，目前大约有45%的微信用户开通了微信运动功能，微信运动上面有一个排行榜页面，每天都会更新步数排行和点赞数。由于所有微信运动使用者的点赞按钮都在同一个页面列表，进行点赞操作就方便多了，使用按键精灵不用一个小时就可以把整个排行榜点赞一遍。

以上都是一些常识，算不上什么秘诀，就好像小时候妈妈教导你要"好好学习"一样，顶多是一句有用的废话。每个人都有自己的一套管理朋友圈的方法，不必刻意模仿，我就认识一个微商，不管和她聊什么她都要在句子后面弄个笑脸或可爱表情，这也许就是人家的方法——笑脸迎客。

使用 ApowerMirror 将手机投屏至电脑操作

5.7 不可小觑的分销拉新

所谓分销就是大家说的"拉人头卖产品",已广为诟病,后来商家们又给分销商起了一个高雅的名称——代言人。由于介绍他人加盟成为分销商可以获得这个人(下级)的销售提成,因此大部分分销商的心思并不在如何卖好产品上,而是企图通过发展下一级分销商,让下级分销商来帮自己赚钱,从而坐享其成。分销是一种非常常见的销售方式,目前大部分小程序商城都具备分销功能,通常下线不宜超过二级。

根据我的观察,小程序微商通过在线分销来提高销量的效果并不理想,而且这种模式很难持久,因为绝大部分分销商的动机是赚取下线的佣金分成,而不是用心销售你的产品,往往都是虎头蛇尾。尽管如此,分销却是不少线上商家的香饽饽,其实醉翁之意不在酒,在商家眼里分销可以是一种推广手段而非销售手段,目的就是为了拉新。有一段时间,我微信收到很多网友群发来的题为"我为某某代言,在

家轻松赚钱"的二维码海报图片,这是当地某公众号发展分销商的"轰炸"活动,虽然我并不清楚其销售业绩如何,但是查看其公众号,发现有"961位朋友关注",也就是说我微信里面5个好友就有1个关注了该公众号,可见这是一个相当成功的拉新案例。

通过分销功能快速为小程序商城获取种子用户,这一经验是可以复制的,其操作也比较简单,但并不代表每个人会收到较好的效果,需要有较高的参与度才能实现裂变式传播,这就需要我们做细致的工作。

1. 告诉大家分销可赚钱

开通分销功能只需要在商城后台点击几下鼠标,但接着我会面临一个这样的难题:怎样才能让大家踊跃申请成为你的分销商?参与人少的话,分销拉新的目的就无法实现,所以要想方设法吸引更多的人来参与。

靠商家自己在好友、微信群中发展分销商,犹如大海捞针,而且寻找一遍后就已见顶,再无资源可掘。实际上,最好的传播方式就是让分销商来做你的推销员,由他们来群发消息,进行裂变式传播。前提是需要有相应的激励机制,例如可以给予诱人的佣金提成,再加上私下一个吉利数字的微信红包,"重奖"之下必有勇夫。

微信自带群发助手目前只能群发文字和图片,首先我们要在商城后台设计一个可供群发的图片海报模板。这个海报应该是带分销商头像和二维码的,识别二维码后能链接加盟分销商的细则(小程序内页)。

设计分销海报模板

商家在小程序商城后台设计好分销海报模板后，分销商就可以点击小程序"个人中心"的分销商入口，生成带有自己头像的分销海报图片进行群发。

2.精准定位分销商群体

我此前收到的分销海报几乎 90% 是女性朋友群发来的，这其中又以家庭主妇为主，而一般职业人士对分销都不屑一顾，所以挖掘分销商应以家庭主妇为主。可以建立一个微信交流群，把这些家庭主妇集中起来，经常在群里发一下红包，鼓励她们进行群发推广。这虽然算不上什么高招，但是简单有效，我前面提到的有"961 位朋友关注"的公众号采用的就是这种的方式。

本章小结

小程序的推广不必循规蹈矩，要学会随机应变。做推广并没有什么高大上的包装手法，不过有许多简单而有效的办法，就看你是否能坚持，虎头蛇尾不会收到效果。

第6章
将自己做成品牌

"

什么是个人品牌？你有没有个人品牌？

个人品牌就是周围的人对某人较为一致的正面印象或口碑，例如张三高大威猛、李四工作能力强、王五卖的产品质量好——无可置疑，个人品牌已经成为人们从事商业的最好招牌。

有人会说，个人品牌那都是虚的，很多包工头、炒房客也没见有什么个人品牌之说，还不是一样赚大钱。

可口可乐的总裁说过，"如果某一天，可口可乐公司被大火烧了个干净，但仅凭"可口可乐"这四个字，一切就可以马上重新开始。"

个人也一样，有了美誉度，有了属于自己的个人品牌，哪怕经历一次破产也不能再次成功。

对大腕来说，个人品牌是知名度和影响力的综合体，他们拥有了个人品牌即拥有了身价。而对普通人来说，谈不上什么身价，良好的口碑即是他们的个人品牌。总之，不管是大腕还是普通人，个人品牌已经成为人们从事商业的最好招牌之一。

6.1　草根需要怎样的个人品牌

塑造个人品牌要找准自己的定位，这种定位要符合当下需要，而不是一种玻璃天花板，看上去很美，但永远都够不着。那么创业者究竟需要怎么样的个人品牌呢？

1. 个人形象

一个人的个人形象一般是从他的外表、性格、行为反映出来的，例如某人很帅、某人很斯文、某人很憨厚，其中外表和性格都是天生的，是难以改变的，但是行为却可以控制，从而改变别人对你的印象。如果你看起来既不帅也不高大，你没有任何先天的个人形象优势，那么可以通过你的行为进行弥补。

提升个人形象的行为很多，可以是你做事的态度，也可以是你所流露的情感。千万不要理解为做几件好事、捐点款就可以提高个人形象，你既不是大腕也不是明星，没人会有兴趣关注你那点鸡毛蒜皮的小事，反而过分标榜自己会给人感觉你为人做作。我们可以试图在人格魅力上提升个人形象，例如你可以成为一个做事认真的人，你也可以成为一个执着、坚韧的人，你也可以是诚实、正直的人，这些都可以潜移默化地影响别人。

每个人都不可能成为多面手，能包揽众多优点，我们只需突出自己性格中的一项优势。如某某主要树立"正派"的个人形象，他外表属于"三级残废"的人，不过自认为是个老实人，生活作风没问题，还明辨是非。虽然其做事也很坚定、执着，但并未强化外界在这方面的认识，因为树立个人形象是为了提高人缘，多带来一些客人，客人不会因为你这人创业很执着而放心购买你的商品，但会因为你人很正派而相信你和你的商品。

当然，个人形象不是靠自吹自擂的，而是靠你的日常行为塑造出来的。总之，个人形象需要扬长避短，发扬自己的优势，防止东施效颦。同时，一个人仅仅是工作能力强，而道德水平不高也是很难建立个人品牌的，正所谓"金玉其表，败絮其中"，就算幸运地建立起来的一点个人品牌也会因为某一失误而灰飞烟灭，最近某知名明星的人设就因为论文造假被戳穿而崩溃。

2. 独立观点

没有独立的观点，人云亦云，是一种不自信和没有主见的表现，很容易被旁人左右。不管你发表什么观点，都会有人不赞同，不可能每个人都会和你有一致的想法，这是很正常的现象。当然不认同你观点的人会对你有所排斥，如果担心这个的话，那只有一个办法，就是什么都不说，玻璃心的人非常不适合做个人品牌。

我也经常表达各种观点，但都是说事而不涉及具体的人。每个人都渴望有言论上的自由，只要把握好尺度，表达观点无可厚非，如果前怕狼后怕虎，谨言慎行，活着就很压抑。表达独立观点，展示自己的人格，不一定说要发表什么言论，也可以通过自己的行为反映出来，比方认准某一件就坚持去做，而不是张三打击一下、李四讽刺一下就打退堂鼓。

不过"有主见"和"自以为是"的界限也很难划清，你看好某个方向，旁人都不看好，你觉得自己有主见，旁人则认为你自以为是。马云创业初期请了 24 个朋友到家里商量要做互联网，结果 23 人反对，1 人说可以试试。马云如果失败了，那么大家就会指责他当初太自以为是，应该安守本分做好他的教师工作，结果马云成功了，现在大家都称赞他当初有主见。可见，任何人都无法确定结果的事情，只要你的"主见"不损害他人利益，哪怕失败了，也不应该是"自以为是"。

3. 说话算数

俗话说人无信而不立，说话算数其实就是践行你的个人品牌，不止要对别人说话算数，也要对自己说话算数，这是一种诚信的体现。

对别人说话算数，是从事商业的最基本准则。做小本买卖的过程中，见到最普遍的现象就是拿货后说好多少天给钱，结果一拖再拖，这是一种非常有损个人品牌的行为，一来失信于人，二来给人感觉经济能力差。自己没有那个能力，就要量力而行，从小做起，手头只有一万元却奓了十万元的货，一旦周转不灵失信于人，不良的口碑非常容易在圈子里流传。

对自己说话算不算数则能考量你做事的意志力。每一位创业者创业之初都是雄心壮志、满怀豪情，心中有数不清的宏图大略，梦想着三年赚百万五年赚千万，结果往往都是空头支票，第二年就坚持不下去了。自己对自己许下的承诺虽然外界也无从知晓，但是你在坚持还是放弃，你在进步还是后退，每个人都看得清清楚楚。只要你在坚持为当初的梦想奋斗，哪怕成绩来得慢一点，你的个人品牌也不会因为暂时的困难而打折扣，反而让更多的人看清楚你是一个有坚定意志力的人。

6.2 小程序上的简介

1. 简介的作用

曾经看过一篇报道，记者问张朝阳为什么特别喜欢抛头露面到处作秀，张朝阳解释称"作秀是为公司节省广告费"。连大腕都要亲自上阵求关注，可见，没有推广资金投入的普通人，更不应白白浪费一些可以提升个人品牌的机会。

我关注的大部分小程序商城，除了产品列表、购物车就是用户中心，初次接触根本无法了解是谁经营的，我也一直没弄明白为何大家不放上一个简介，例如介绍下经营范围、发展历史、团队成员等，莫非是为了更加精简？

那些早已家喻户晓的商家也许根本不需要这些，但对创业者来说一个接地气的介绍非常重要。假设你是顾客，你访问一个不知名商城而且是个人的，就算你觉得某种商品物美价廉，但购买前你还是或多

自己介绍，多一个了解你的机会

或少有点疑虑，不清楚买了东西会不会发货，会不会货不对版。因为你对这个平台根本就不了解，也没有过购买经历，当然就缺乏信任感，在下单前自然就会犹豫不决，甚至放弃。

我们尽可能给自己的小程序增加一个简介，这个简介可让顾客对你有一个初步印象，拉近了你和顾客的距离，提升顾客购买决心。我的第一版小程序就曾使用一个选项卡来链接简介页面，后来改版了才将简介入口放到首页底部。

2.如果撰写更接地气的简介

简介就应该简短，不需要文采飞扬，也不必咬文嚼字、引经据典，只需用最少的文字向外界清楚地介绍你或你的企业即可。下面我们先来看一篇我无意中浏览到的某某服务中心的简介，现摘取部分。

某某电脑服务中心简介

随着电脑的日益普及应用，电脑已进入千家万户，走进百姓日常生活。许多公司也逐步在日常办公、经营活动中使用电脑，人们对电脑的依赖性越来越大。但是，只要使用电脑就一定会遇到问题。电脑在使用过程中会因为操作不当，电源不稳、软件缺陷、硬件失效而产生各种问题，不能正常使用。

家庭用户一般都不是很精通电脑，出了故障很着急。中小企业一般没有配备专门的经验丰富的计算机维护人员，多数使用电脑的人员也不一定精通各种故障的处理。计算机故障如不及时处理，会给个人、家庭造成一定烦恼，对于单位而言，非但达不到使用电脑提高工作效率的目的，反而影响工作，破坏企业形象。有些用户新购的电脑，商家多数也只有能力和义务上门处理硬件故障，绝大多数仍要求客户送修，不利于故障处理。

我中心提供全面的计算机系统维护服务，使企业以较低的成本换来较为稳定的系统性能，以最好的性能价格比保证企业计算机系统的正常使用，解除您的后顾之忧。相信我们一定能为您的电脑提供周到、可靠、方便、安全的服务！

不难看出通篇都是一些空洞无物的内容，一开始就是一些无用的废话，本应介绍自己反而成了介绍客户状况，看过之后既不清楚服务中心的创办人也不清楚创办时间，更没交代服务中心的服务特色或优势，总之整体感觉就是从网上复制过来的内容。

下面是大八仔农品的简介。

关于大八仔农品

大八仔农品平台由阳江本土知名草根创业者温世豪先生创办，于 2017 年 7 月正式上线运营，主营阳江乡下农特产，目前经营的农特产有近百种。大八仔农品在阳江市区建有 3 个配送点，并拥有自己的配送团队。为确保产品的绿色健康，平台的产品绝大部分由团队到乡下农户处收购，而非到批发市场采购。经过近两年的发展，大八仔农品团队与阳江各乡镇的农户建立了良好的合作关系，平台建设日趋完善，在阳江拥有海量的消费群体，是阳江本土"互联网＋农业"的优秀案例。

这篇简介交代了创办人、创办时间、经营内容、优势、荣誉，整篇介绍约 200 字左右，非常简短，花 30 秒左右便能看完，如果内容过于冗长，网友一般都没心思再往下看。其中特意加上创办人，并非自我炫耀，而是为了给自己多一个展示机会，要建立个人品牌，那起码要让大家知道你叫什么名字。

还有一些简介，内容虽然很简短，但是看起来好像一篇短散文或者诗歌，有些更是大幅引用一些励志名言，我认为这些都不算一篇好的简介，简介是为了让外界了解你，而不是让别人来猜谜或来看你抒情。一篇好的简介，一定要简洁明了，内容让人印象深刻，清楚地说明你的服务内容和你的优势、特色。语言用词上不一定需要很华丽，但一定要自己原创，而不是网上复制粘贴。

6.3 不断提升产品质量

如果个人品牌是一个人的脸面的话，那么产品质量就是为脸面供血的心脏，心脏停止一秒的输血，脸色都会瞬间苍白。显而易见，产品的质量关乎个人品牌的存亡，提升个人品牌的最好方式之一就是提升产品质量。

1. 我们需要什么样的产品质量

对顾客来说，每个人都希望买到物美价廉的产品，但对商家来说，则很难保证十全十美。去过天猫、京东这些大型电商平台购买过商品的人都知道，一款商品就算有几万个好评，也会有几百个差评，这些差评甚至把商品描述得奇差无比、一文不值。

如果你的顾客成千上万，那么你一定会有过挨骂的经历，有时被臭骂一顿后你可能会对自己的产品心灰意冷。是不是产品不够好？是不是服务不到位？当然你可以这样谦虚地鞭策自己，但又不得不承认，永远不会有百分之百的人对你的产品满意，"没有最好，只有更好"其实才是你的最佳状态，不要以为自己的产品是最好的，每一天都需要想方设法去改进，迎合顾客需求。

2. 产品质量与个人品牌的关系

产品质量和经营者的个人品牌是息息相关的，产品质量佳，个人品牌通常都比较好；产品质量差，那么个人品牌肯定就差。

在我居住的这个小区里，经常听街坊大妈说小区里某商店老板 A 卖的东西质量比较好，而另外一家商店老板 B 卖的东西质量不好。其实 A 和 B 的商店我都去消费过，都是些日用百货，对我来说质量上根本看不出有什么区别。那么街坊为何会说 A 卖的东西质量比 B 的好？我之前也是百思不得其解，后来有一天晚上在和街坊闲聊时问及此事，才恍然大悟。

原来 B 有一段时间用一批质量较差的纸巾，以非常低的价格做促销活动，目的是带动商店人流。果然小区里很多大妈都争先恐后来抢购，但后来大家发现这些纸巾纸质非常差，还有异味，很多人都不敢使用，B 也就因此落得个"卖流野"（广东话卖次品）的不好名声。有一次我到 B 的商店购物，和 B 谈起了此事，B 显得非常不服气，他辩称"明知一分钱一分货，怎么能怪我"。

事实上，A 卖的商品也是很普通的商品，不过 A 的聪明之处在于没有像 B 那样用劣质商品搞促销，顾客并不会因为你卖的商品便宜很多而能接受它的劣质，所以 B 做的是吃力不讨好的生意，没赚到钱反而搞坏了个人品牌。作为经营者，我们要提升自己的个人品牌，归根结底还是要先保证产品的质量，没有质量，价格再便宜，销量再大，个人品牌都无法建立。

3. 如何提升产品质量

说到如何提升产品质量，我想不少人会认为很简单，严格把关不就行了！说起来容易，实际操作则难得多。如果你卖的产品琳琅满目，数量较大，产品质量就难以控制，你不可能每一个都去试，就算同一批货都有不同的质量。

例如我卖的番薯，货源都是多个农户凑在一起的，虽然产地都是同一个乡镇，可土质有泥地和沙土地之分，不同的土质种出来的番薯外观虽然都差不多，但粉度还是有差别。销售之前虽然可以试吃认为品质过关再出售，但不可能个个都去试，势必会出现有部分顾客不满意的情况。

那么是不是就没办法了？

解决产品质量问题没有特效药，不过可以在总体上进行把关，尽量降低投诉率。比如每天随机抽样试吃，发现情况不对就暂停发货。对于时令产品也要把握好销售时机，例如有一种叫"爆皮王"番薯，只有立夏到立秋之间才是最粉的，冬季和春季虽然也有上市，但是粉度较低，顾客投诉率高。不合时宜的产品尽量不要销售，卖了一次差的产品，就算你以后自认为已经改进了，也很难挽回顾客的信任。

此外，专业的事尽量交给专业的人来做，不但可以保证产品质量，还可以降低成本。"专业的人"在某些产品上耕耘的时间较长，他们对某些产品比我们更熟悉，他们处理产品的经验比我们更丰富。虽然我们也可以去学习去模仿，但是折腾了一番后，才发现自己去亲力亲为并不合算，质量不够好，成本也没降低。这些道理很多人都明白，但是实践过程中多数人还是会从利益的角度出发，为了降低成本，想什么都包揽过来。我就曾经有过这样的教训，我们当地有一款叫"春砂仁"的农特产，我本以为自己买湿品来晒干再卖利润会更大，就用了大量时间和精力把它晒干，可最终出来的品质没有"专业的人"做得好，还浪费了不少时间和精力。

总之，产品质量不可能完善至十全十美，要提升产品质量，关键还是要靠多试用，让专业的人来做专业的事。同时尽量避免有瑕疵的产品发到顾客手上，也要选择合适的销售时机，做到宁缺毋滥。

6.4 勤于撰文分享心得

撰写与自己行业相关文章进行分享，本质上就是一种内容营销，此举既向顾客推广了你的产品，也展示你个人的专业水平，使得你渐渐地成为人们眼中的行业"专家"，形成你的个人品牌。

在创业初期为了获取种子用户，我经常会撰写文章发布到公众号上进行分享，内容有乡下见闻、工作花絮、新品介绍、生活感悟等。只是自身既不是文人也不是大咖，一般都是想到什么就写什么，而且多受网络语言的影响，并没有那么严格的行文规范，在我看来内容朴实、接地气才是最重要的。

那么如何撰写一篇接地气的文章呢？以下是我的几点个人心得。

1. 原创

做微商之所有要撰写文章，目的就是为了让外界了解自己和自己的产品，内容是原创的而不是粘贴复制的，读者才会感受到你在用心经营，这种用心经营的态度无形中对个人品牌有很大的提升作用。

之前做网站的时候，我见到一些站长为了流量，到处复制粘贴一些内容来"充实"自己的网站，但是这种方式并不能长久。要知道人们之所以有兴趣浏览你的文章，无非就是想看看你的故事，了解你的观点，学习新的知识。如果文章是抄袭而来的，不是你原创的，那么你发布它实际就没有多大意义了，因为读者想看你的故事，而不是想看张三、李四的故事。

在如今这个信息爆炸的年代，人们时间都是碎片化的，没有人还愿意花时间去看一些复制粘贴的文章，就算抄袭行为一时半会不被察觉，时间长了明眼人也很容易看得出来，这对个人品牌会造成严重的损害。

坚持原创也即维护你的个人品牌，哪怕低产点或文章字数少一点也不应该去抄袭。

2. 真实

分享生活和经验与写小说不同，写小说可以天马行空，而分享生活则越真实则越深入人心，越容易和读者产生共鸣。我在写下乡见闻的时候，就是见到什么说什么，想到什么说什么，写文章不是为了去搞评比，没必要画蛇添足，无需加工美化，如今真材实料没水分的文章最受欢迎。

而且虚构事实也会面临被读者质疑的风险，甚至一失足成千古恨。此前咪蒙团队"才华有限青年"发表的《寒门状元之死》一文的真实性就受到广泛质疑，最终在各种压力之下被迫关闭拥有数千万粉丝的公众号。微商写的东西如果虚构内容或者夸大其词，也同样会受到顾客的质疑，给人一种"不靠谱"的感觉。甚至可能由于某件小事被人抓住不放，从而对你的经营产生不良影响。

3. 朴实

真实不等于朴实，真实只是指事物客观存在，朴实则是简单、踏实、不造作，是事物的一种内在气质。

说到内容营销，我平时遇到很多创业者皆表示不会写文章做推广，认为自己没有文采，写不好。我和他们说，写这个不需要文采，不需要什么华丽的辞藻，只要简简单单、朴朴实实地去表达即可，慢慢就会习惯了。只要文字表达情真意切，根本就不必刻意卖弄文采，顾客不是来阅读文学作品，而是要关注你产品背后的故事。

浮华的文章我们可以看出华丽的文字在其中起装饰作用，而朴实的文章却看不到其中蕴含着什么技巧，如同素颜的少女，依靠真挚的情感和朴实的外表打动别人。

4. 配图

我经常要用手机拍照，用图片记录生活，保存这些素材以便日后用于撰文配图。我觉得图片是网络时代沟通交流的最好介质之一，一张图片，一个表情，就可以理解出丰富的内涵。文字表达需要字斟句酌，如果表达不准确容易产生误解，视频则展示得过于透明，容易把失误放大，而图片只是定格瞬间，可以给人很多联想空间。当我们看着各类 App 里面文章的时候，其实给我们留下印象的不是文字，也不是标题，而是首先映入眼帘的图片。

撰文时只有单纯的文字而不和图片进行互动，阅读起来难免显得枯燥，而配图能有效地缓解这种枯燥。就我个人平时阅读新闻 App 的习惯来看，我习惯看有配图的文章，如果一篇文章文字过多，而且没有图片，除非很有吸引力，否则一般只看前面几段就退出了。

在时间碎片化的年代，文章中图片的重要性并亚于文字，图文并茂的文章给人一种继续往下看的兴趣，增强了用户的阅读体验。

为文章配图、配乐

我在运营小程序商城的过程中，有空就会写点文章发布到我小程序上的"农品笔记"一栏，有兴趣的读者可以浏览，小程序码在本书的扉页，用微信扫码即可进入。

6.5 打造团队形象

团队的形象和老板的个人品牌是相辅相成的。老板可能和客户接触的机会较少，但是团队中的销售、配送、客服人员是直接和客户打交道的，他们在人们眼中的形象是好还是坏，就直接反映到老板的个人品牌上。成员形象差那么人们对你这个老板的评价也不会好到哪里去，即使不会直接对你指名道姓，但起码认为你这个老板缺乏管理能力。

团队形象并不是单指衣着外貌，况且你也不可能要求你的团队成员个个都是帅哥美女，你只能约束他们的一些个人行为来提升对外形象，例如服务效率、说话语气、公共行为等。

1. 服务效率

作为一个卖家，最影响团队形象的便是服务效率。例如，顾客咨询客服后长时间没得到回应，买了商品迟迟未发货等，这些都是工作效率的问题。工作效率低会给外界一直怠慢的印象，甚至认为你高高在上、爱理不理。

其实这些问题我都存在过，有时候忙起来，确实不能时时刻刻拿起手机回复顾客微信，商品也会出现因为种种缘故而未能及时送达的情况。总之这些情况都是不可能完全避免的，挨骂是常有的事，只能尽量设法去减少。在客服方面，如果微信无法及时回复，可以公布自己的手机号以便顾客联系，有了小程序还可以在小程序页面设置统一的客服入口，由专人回复。当然，作为一个小小的微商，要做到即时回复的确很困难，除非你像天猫的商家一样，雇几个专职的客服代表，这样的话无疑会增加很大一笔开销，多数情况下我们都是既当老板又当客服。

要提升服务效率，必然要增加团队成员，只靠一两个人是力不从心的，这也是一个不断发展的过程。

2．说话语气

是不是很奇怪我会强调说话的语气，而不是培训团队的沟通能力？很简单，因为我没能力培训团队，也不具备雇人培训的条件，何况语言沟通方面不是听几个讲座一时半会就能提升的。不过改变他们的说话语气则简单多了，如说话声调低一点，这样给顾客感觉和气、友善，没那么强势，产生亲近感。有时候嗓门大了，就算没有恶意，顾客也会有不同的理解，觉得你凶，觉得你高傲。

其实每一个人都不是完美的人，都有各种各样的毛病，只是因为你和他接触的机会少，你便觉得他优秀。幸好，我们和顾客接触的时间都是很短的，人性的缺点不易被放大，只要语气低调，不盛气凌人，就算产生误会也容易被化解，我们说的"某某态度好"，也就这么回事。

3．公共行为

公共行为是指人在公共场合的行为举止。这几年随着网络送餐行业的兴起，我们在大街小巷都能看到送餐小哥的身影，闯红灯、逆行、遮挡车牌这些都是司空见惯的事情，人们对此怨言颇多。虽然没人知道那些违反交通规则的人姓甚名谁，不过看到箱子上那大大的 Logo我们就明白是哪家订餐平台的人，他们的行为直接损害了平台的品牌形象。

作为小型创业团队也同样如此，员工的公共行为将影响到创业者的品牌，所以必须对员工的公共行为进行规范，例如要求配送小哥必须佩戴头盔，随身携带行驶证，不能闯红灯等。

6.6　利用抖音推销自己

　　抖音、快手、西瓜视频等是当下最热门的短视频平台，其中又以抖音户量最为庞大，是时下年轻人甚至小学生都经常在刷的应用。这些短视频平台拥有数以亿计的用户，还缔造了无数的网红，其营销价值不言而喻。

　　也许因为年龄上的代沟，一直以来我都想不明白为何现在的年轻人这么热衷于拍短视频。以前我一直混迹于互联网，也从无想象到短视频有朝一日会如此火爆，已发展成为当下年轻人的一种流行文化。更不可理喻的是，有些人扭扭屁股、编个搞笑段子也会迅速蹿红，成为万千粉丝膜拜的对象。我有一段时间就关注了我们当地的一位女网红，该网红平时就拍一些捉鱼捉虾，或者市场买菜下厨房的短视频，也能吸引近百万人关注，看其评论区，网友的留言简直视其为完美女神。

　　由于忙于生计，没有什么闲情逸致拍视频，抖音兴起后的很长一段时间我都没体验过，直到 2018 年年底才注册了抖音。那是因为深圳一位老读者的提醒，她说她有位高州的朋友在抖音上卖红薯，发一段视频就能卖出一千多单，建议我参考下。

　　经过一段时间的研究，我发现普通人想在短视频平台成为网红是相当困难的，成为网红的前提是你必须具有优质的内容，或者某种技能，又或者你有较高的颜值，而且这只是前提，有了这些也不代表你就能成为网红，还需要运气或运作。

　　没有什么过人的技能，也没有颜值，那么我们该如何做好抖音呢？我自己没有成功案例，粉丝仅仅几千个，不过这里谈谈我的一点看法。

1. 卖货平台还是做推广平台？

首先，你要找准定位，抖音对你来说究竟是一个卖货平台，还是一个推广平台？

在抖音上有一批抖商，普通的抖商通常卖自己的货，例如卖番薯、海产品、工艺品等。网红级的抖商则给第三方电商平台带货，带货的产品各式各样，有化妆品、家电、保健品等。不管是普通抖商还是网红抖商，他们都有一种共同的危机感，最担心的就是言论失当被封号。例如抖音上的一个带货网红，就由于发布不当言论、诱导用户分享、散步不良信息等原因被封号，其他因为言行出格被封的网红也数不胜数。

其实，在内容平台进行卖货是需要极度谨慎的，因为谁也不敢保证自己创作的内容不会触犯政治敏感，或者被定性为传播低俗，这些随时都可能被举报，封号就在你毫无预感的情况下发生。封了号也就意味着之前的努力顷刻间化为灰烬，所以我个人不建议只在短视频平台卖货，而应该把它作为推广引流的平台。如果你在这些平台卖货卖得很火，那么更应该搭建一个独立的卖货平台，有备无患。

短视频平台通常没有完整的电商生态，对小程序微商来说，抖音、快手只能是一个推广平台，要么推销产品，要么推销自己。

在短视频平台把货卖得好的也只是个别人，多数模仿者都是无疾而终。只有那些达到数十万级别播放量的短视频才会带来上百个订单，那可是网红级别的抖商了，多数人只能望而兴叹。我在抖音上有一条播放量3000+的短视频，推广的是土鸡蛋，结果也仅仅带来了2个订单，我在抖音没有商品橱窗，还要通过添加微信进行交易。抖音的商品橱窗是跳转到淘宝的，但我没有做淘宝，只专注小程序商城，有顾客购买只能是私下交易，这种销售方式耗费的时间和精力都很大，而且我的产品视频也没什么创意，想在抖音卖货非常困难。我决定换一种方式来做抖音，把它重点当作一个推广个人品牌的平台，提升个人知名度，起到推销自己的目的。

2. 粉丝快速从 0 涨到 1000 的办法

刚注册抖音的时候我一个粉丝都没有，自己不知名，几乎没人会主动粉我。别人不粉我，我就粉别人。我将所有朋友的手机号都导入了手机通讯录，抖音会自动向我推荐通讯录好友和可能认识的人。有一两个月时间里我天天都要去关注别人，先后关注了四千多人，结果大约有一千多人回粉了我，效果还算理想。

关注了这四千多个抖音号之后我就没再去关注了，起码有了一千多粉丝不至于那么难看，后面涨粉就主要靠发布视频了。其实勤于更新还是可以不断积累粉丝的，有些视频可能你觉得很普通，但是也会出人意料成为热门。我观察了我很多视频，多数都是几百个播放量的，个别会到一二千，但是有个做凉粉的视频一下子飙升到 1.6 万播放量，带来了几十个粉丝，可见一些新奇、有创意的视频还是比较受欢迎的，

中规中矩的视频涨粉难度相当大。

3. 抖音上如何推销自己

要做个人品牌，那么就需要不断扩大知名度。如果没有较大的粉丝基数，要通过抖音的自然流量来推销自己是非常困难的，因为播放量寥寥无几，起不到广而告之的作用。想来想去都没什么好法子，俗话说"小财不出大财不入"，只能花钱"上热门"了。

如果你的顾客群体是某个地域的，例如像我这样主要在当地卖农产品的，使用抖音的"上热门"功能，设置投放范围为周边，能迅速在当地扩大知名度。我曾在抖音上做过一个推介自己

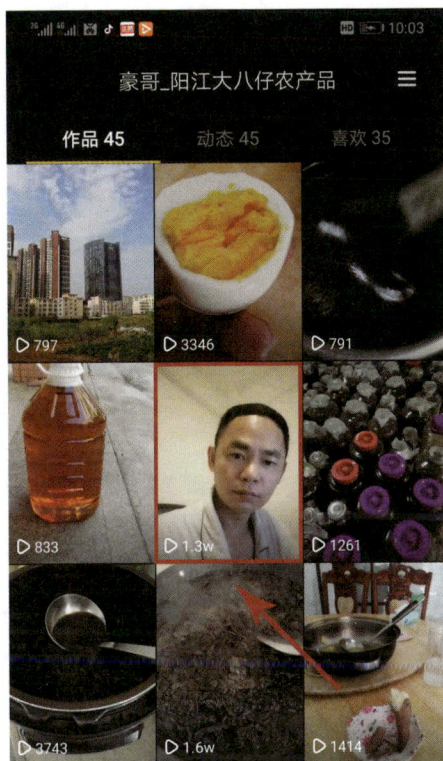

https://v.douyin.com/XjbBY7 复制此链接打开抖音，即可参考作者的个人品牌推广案例

的"上热门"，每天花 50 元，花了 300 元能带来 1.2 万播放量（另外有 1000 多自然流量），五六百人点赞，两百多个评论，效果还算满意。这样计算的话，一个月下来也就 1500 元投入，能带来五六万播放量，而在当地热门公众号发一篇只有一两万人阅读的头条软文都要三四千元。不过，投放此类广告的主要目的是为了扩大知名度，提升个人品牌，而不是做销售，所以不要期望能带来多少订单。推广自己不要加入太

多广告成分，广告味太浓会导致视频的美誉度下降，评论区的留言会很难看，毕竟大多数人对强制推送来的广告都没好感。

特别值得一提的是，投放"上热门"广告每次最好只投放 50 元，待消费完再投。因为抖音对每个订单会赠送播放量，我做过试验，一次投放 50 元会赠送一千多播放量，一次投放 100 元也是赠送一千稍多点，所以前者更合算。

6.7 个人品牌线下传播

通过网上自我推销、内容营销的确可以成就小众个人品牌，但也有一个不足，就是那些不经常和你接触的人，例如某个一年才会消费一次的顾客，他对你的了解只是瞬间的，今天听说你的名字，明天也许就忘记了。

"咦，这个海报上介绍的不是网上的那个谁谁吗？"，要让自己的个人品牌在你的"地盘"深入人心，也要线上与线下结合，虚拟与现实结合，线上的"耳濡"加上线下的"目染"，个人品牌对受众群体的影响将是从视觉层次到心灵的层次的迈进。

1. 个人品牌线下传播渠道

个人品牌的线下传播渠道除了人的嘴巴之外，无非就是户外广告、室内海报、街边传单、现场活动、冠名赞助等。

其中户外广告价格最为高昂，一个稍大的广告位开价都是以万为单位的，这显然不是微商所能接受的。何况微商做推广离不开二维码，而户外场所人的流动性天然就是排斥二维码的，可以想象，当你开着车或者走着路，你会停下来去打开手机扫路边广告牌上的二维码吗？

而组织现场活动这种推广方式的频次较低，覆盖范围狭窄，基本难以起到传播个人品牌的效果，冠名赞助更是缺乏实力。对于微商来说，只有街边派发传单和室内挂靠海报，是成本较低、操作简单而且效果相对较好的传播渠道。

现在淘宝上做 A4 大小的宣传单 1000 张也就 100 元左右，做上 1万张再花钱请两个兼职的大学生去派送，总花销也不过三千多元，这是目前最经济实惠的线下推广方式之一。不过，这种街边小广告的缺点也很明显，就是格调较低，人们随手一扔还容易造成纸张浪费和影响环境卫生。如果宣传单采用折页式的，并把街边派送改为入户派送，格调则会有所提升。

与街边派送宣传单的方式相比，做室内海报则档次高了许多，更有利于提升个人品牌形象，不过开支也会高点，我曾经在这个四线城市的近百家理发店和餐饮店投放过室内海报，每月的总费用要三千多元。

2. 个人品牌线下传播效果

如果单纯为了推广商品，获取流量，个人不建议花费资金做线下推广，因为在引流方面，线上比线下好不止几十倍。在线下，就算加上了二维码，真正会主动打开手机去扫的也是极少数人，现在人们普遍都不敢随意扫二维码，包括我自己，除非需要现场配合使用某样服务，否则从来都不会乱扫二维码。

　　我曾做过一段时间的室内海报推广，海报内容主要介绍我们团队和服务，并附有小程序的二维码。从后续观察来看，海报在获取流量方面效果并不理想，根本无法和微信群推广比拟。不过这也在我意料之中，因为我要做的是个人品牌推广，目的是提升知名度，让更多的人了解我们，并未指望能直接带来多少流量。如果说到对个人品牌的影响，还是非常富有成效的，不少微信好友在微信上跟我说，在某某理发店理发时看到我的海报，在某家饭馆吃早餐时看到我的海报，我需要的就是这种被议论的效果。

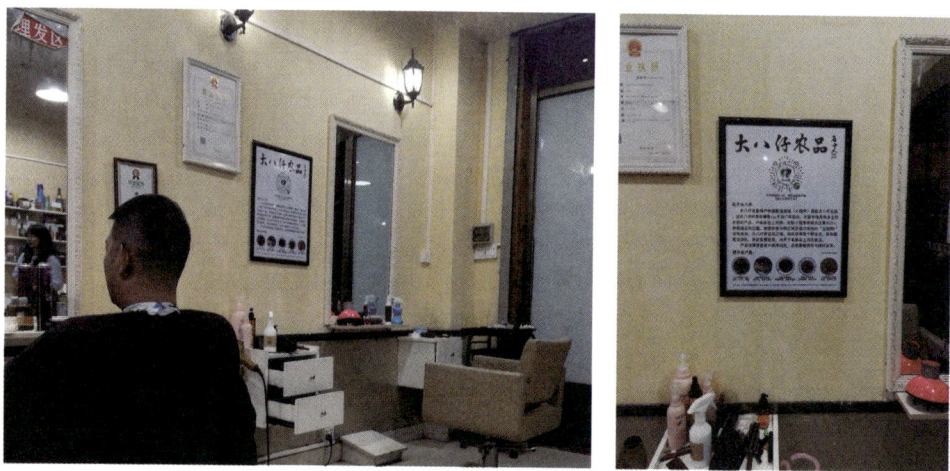

笔者曾尝试过在市区近百家理发店同时投放海报，主要是为了提高认知度，但引流的效果较差，会掏出手机去扫码的人凤毛麟角，绝大部分流量均来自线上推广

　　个人品牌推广是线上与线下互动的过程，是一种长期投资，短时间内不必期望能带来显著的直接经济效益，但长远来看有利于开展经营，所以资金许可的话可以适当进行线下的个人品牌推广。

6.8 个人品牌危机意识

不管做企业还是做个人品牌，都应该有危机意识。就算平时做得很好，但也会因为一次疏忽而走向衰败。当然，谁都会说，但真正做起来并不容易，企业危机、品牌危机随时都可能在每个人身上发生。

我认识一位开饮食店的朋友，人很老实，价格公道，做出来的东西也确实好吃，生意一直都很好，这些年也赚钱买了房和车。但在一次卫生检查中，被指出某些细菌超标，被公开到了当地媒体上，生意从此一落千丈。人非圣贤，每个人总有或多或少的问题，不管多努力，多么小心，也很难保证不出没问题，一旦有人专门针对你进行检查，那么总能给你找出点毛病来，千方百计经营好的个人招牌就可能毁于一旦。

在做农产品之前的十几年我是做摄影网站的，那时玩摄影的多数是当地有头有脸的人，要么是官员要么就是企业家，平时我都会和这些人打交道，一起吃个饭，又一起出去拍拍照。那时才二十几岁，社会阅历也浅，并不清楚这个圈子如此复杂，玩摄影也分为好几个派别，各个派别表面和谐实则暗流涌动，互相贬损，如果你和某个派别的人来往多了，那么你就成了另外一个派别的眼中钉。有时"老领导"请我饮茶，或喊我到办公室坐坐，我哪敢不赏脸，慢慢地就被定义为某个派别的成员。

我认为要维护好个人品牌，人际关系一定不能复杂，越是简单活得越是轻松。事业和个人品牌会因为某些人际和经营问题崩溃，总结了过去十几年的教训，我觉得人际关系还是维持君子之交淡如水的状态最为理想，不吃、不欠、不惹、不攀、不深交。有些作用不大的合作，建议还是不要参与，特别是涉及金钱的合伙生意，我见到大部分最后都是把关系闹僵的。我这样说并不是排斥合作，只是穷人合伙做生意，因为盈利分成或经营理念的问题而不和的机率很大，如此一来，生意没做好，朋友也做不成。

还有，我们做农产品微商的，产品不可能一成不变，没人敢说自己的东西百分百都是好评的，总会有差评，有埋怨、有投诉，换作谁都很难避免。我们要防范产品问题拖累个人品牌，出了质量问题，遇到顾客不满意，要积极应对，态度亲和，该赔就赔，该退就退，尽量不得罪人，树立一种你在不断努力改进的精神面貌。

要维护好个人品牌，一句话就是：远离尘嚣，做好自己。

本章小结

作为微商或个体户，一时的吆喝只能让你赚点快钱，辉煌过后还是归于平静，只有树立良好的个人品牌才是长久之计。有了品质，有了口碑，有了知名度，生意才会源源不断。微商做好个人品牌的方法多种多样，就看你重不重视，愿不愿意行动。

第7章
产品文化建设

"

产品文化是产品的一部分，是指与外观、包装、质量等产品特征相关的文化要素的总和。产品文化是人与产品间的情感载体，是生产者彰显个性与气质的渠道，也是消费者对产品的一种情怀。

有企业不一定有企业文化，同理，有产品也不一定有产品文化。

美国著名的广告专家大卫·奥格成曾经说过，最终决定品牌市场地位的是品牌总体上的个性，而不是产品间微不足道的差异。

这就好比你在家里冲的饮咖啡与在星巴克品尝的咖啡，味道其实相差无几，但是感受的气氛却截然不同，你会觉得在星巴克饮咖啡更有小资情调些，而在家里饮咖啡则平淡无奇。这种小资情调，就是星巴克长年累月渲染出来的一种产品文化。

宝马给人感觉尊贵、稳重，奔驰则给人感觉高端、时尚，每一种深入人心的产品都蕴藏着它的产品文化。作为小程序微商创业者，你是机械地卖产品，还是要将自身独特的文化理念融入你的产品之中？

7.1 产品文化定位

一件产品，它要走什么文化路线，取决于产品的属性和你对产品的市场定位。如果是红酒，你走草根路线那么就卖不动；如果是番薯，你走草根路线则门庭若市。

创业之初我们很多人都迷茫过，手上的产品究竟是一直走低端路线，还是渐渐向高端线路发展。如果定位不准、不切合实际，就会超出自己的能力范围，从而导致走入弯路。

我的芝麻糊粉卖得很好，有朋友建议我在包装上搞高大上点，起初我也是这样想的，但由于美观的包装需要批量定制，几万元的支出让我有点犹豫，后来一个顾客的诉求动摇了我的这种想法。这位顾客说他要买包"正宗"的纯芝麻粉送朋友,叫我包装不要搞那么漂亮,要不朋友以为是在商场买的,他需要那种在外表一看就能看出来是纯手工的产品。所以我在想,人们找我买农特产是看中我的原生态、无添加,而不是追求包装高档、精美,企业工厂的产品包装上弄高大上点完全可以理解,如果我也模仿工厂的做法就越俎代庖了,失去了自己的特色。

人贵有自知之明,我觉得自己有很多短板,但性格上很适合在一个细小的领域里做精做专,我便决心做个小老板。虽说不想当将军的士兵不是好士兵,可是十万个士兵里面最终也只有一个人当了将军,如果没有能力当将军,其实当一个好士兵也是不错的选择。

纯手工芝麻粉系列产品的包装,没有什么过人之处值得标榜,只是你做的是小众产品,
针对的是小众圈子,简单、朴素的包装反而会成为吸引顾客的因素

找准了自己的人生定位,那么产品的文化定位就很好做出决定,我走的是草根文化路线,这种草根文化的定义是"原始、简单、专注"。

有朋友也许会提出这样的质疑：做买卖目的就是赚钱，刚开始从小做起没错，但随着不断发展壮大总要进行战略调整才能冲破瓶颈，否则你永远都是小打小闹。这种质疑我也不能说它错，只是条条大路通罗马，没有最好的，只有更合适的，原始、简单、专注的，一样是永无止境的追求。

1. 原始

所谓"原始"，即原生态，无需任何修饰的"素颜"，保留初始风貌。比如上面提到的芝麻糊，其本身只需由芝麻和米磨成，如果加入增香添加剂以提升芝麻香味，加入防腐剂延长保质期，那就破坏了其原始状态。

原始，什么都没做，也被你说成是一种产品文化？是的！如果大家都往东走，而你却往西行，那么你就是少有的另类，就能反映出你的价值取向。

有朋友还是没搞懂，为何你卖无添加的芝麻糊粉就有了产品文化，别人摆摊卖水果同样也够"原始"，却没有产品文化？其实，产品文化是很抽象的概念，你一时半会根本无法判断谁有文化谁没文化，关键在于你是否能将你的产品文化持之以恒地去影响特定的人群。这和星巴克咖啡一样，喝的人多了就形成了一种休闲文化了。做不到持之以恒，而且消费群体又不稳定，那么你设定的产品文化将很难深入消费者的内心，谁也说不清你的原则，说白了就是没有产品文化。

2. 简单

所谓"简单"，是指产品转移到消费者的过程要单纯、简单、方便，不产生多余、复杂的事由，这包括下单、支付、配送的轻松购物体验。这也包含人的社会活动简单化，做买卖其实就是买和卖的单纯关系，如果买者和卖者间硬要互相评头论足、互相套近乎，势必会产生诸多和买卖无关的纷争。

有朋友指出，卖家向买家套近乎不是维护客户关系的一种很好的手段吗？我有一位朋友，在某企业做客户经理，平时常常和各单位各部门的头头打交道，为了维护客户关系，逢年过节朋友总要代表公司派点小礼给客户，一年半载还要和客户吃个饭聊聊天，这也是很多企业的例行公关方式。这种操作一直维持了很久，可后来企业也多了很多规矩，大家也就不敢那么明目张胆送东西请吃饭了。结果，一些客户吃不到什么甜头了，认为朋友的这家公司越来越抠门了，虽也清楚当下形势，但多多少少都有点怨言，结果在竞争对手的公关下不少客户很快就改用了人家的产品。

留住客户的关键是产品，品质要过硬，产品文化能得到客户的认同，有了这些，根本不需要多余的公关，整个销售的过程越简单越好。当然，和客户保持单纯的关系，不代表不近人情、疏远客户，有问题还是要及时响应处理，做好本职工作。有句老话叫"无为而治"，说的就是一切要顺其自然，尊重一切有道理之事，不逆天行事，如此才不会节外生枝，大大降低运营成本。

3. 专注

所谓"专注"，就是用心做一件事，反映了你工作的投入程度和你的精神面貌。什么都想做往往什么都做不好，今天卖农特产，明天卖保险，后天做房产中介，自己可能觉得是身兼多职的万能人，其实外人搞不清你究竟是做什么的。人的精力是有限的，做其他事情太多可想而知你对产品的投入时间就少。如果你是顾客，面对的是一个不务正业的人的产品，你会认为它有什么产品文化吗？

一直以来都有朋友拉我去做保险，其实我也不反对保险，也去学习过他们的销售方法，朋友劝我好好做保险，升到高级经理赚的钱绝对比做农特产多。只是我这人脸皮比较薄，叫我今天劝亲戚甲买保险，明天拜访同学乙抛出保险话题，以我的性格还真不习惯。我觉得专注很重要，既然选择做农特产就好好做，不要三心二意，因此凡是有朋友叫作和农特产无关的业务我都不会接受。

"专注"是产品文化中重要的元素，拥有了专注的精神才能不断地对产品进行改进，吸取经验教训，改良你的产品。向外界传递了你这种专注的态度，消费者对你的产品就更加放心。

从一个草根的角度去理解，产品文化其实就是人与产品的情感载体，是生产者彰显个性或气质的渠道，也是消费者对产品的情怀。选择怎么样的文化定位取决于产品、市场和自己的构想，因人而异，因物而异，没有对与错的区分，认准就去实践。

7.2　如何让你的产品更接地气

接地气的产品是指产品本身符合消费者的实际需求，而非浮于表面。

几年前，在妻子的推荐下我们一家人到家附近一间新开业的某品牌烤鸡店吃烤鸡，店面装修很高档，鸡的外包装也相当讲究，打出的广告也是名厨主理、果园走地鸡。烤鸡摆放在面前也的确香味十足，令人垂涎欲滴，可是吃起来鸡的肉质口感较棉，味道主要依赖于香料。我本没怎么在意此事，毕竟每个人的口味都不一样，说不定别人认为好吃，但几个月我恰巧路过这个店面，看到已经挂上了"旺铺招租"的告示，这间店已经关闭了。

这件事给我很大的启发，一个产品，不管外表包装得多好看，说得多好听，如果本质是远离消费者期望的，喧闹过后依然是寂静，只有接地气的产品才能经久不衰。

1. 有价值

每一件物品都有其价值，只是价值大小有差异，而且对于不同的人来说其价值也不一样，有的东西对你来说可能一文不值，但对于某个人来说却价值连城。例如一个四声母 com 域名对于域名投资者来说价值数万乃至数十万，如果你说 1 万元将它卖给一个农夫，对方会骂你想钱想疯了，可见价值也是相对而言的。对于微商创业者，销售一件商品必须对自己有价值，也要对消费者有价值，起码你要觉得做这件事是有意义的，是对自己有益对消费者有帮助的。

产品对商家有价值。我是卖农特产的，有朋友跟我说，你平台有那么多顾客，不妨帮我放点玉石上去买卖，卖出一块的利润胜过你卖 1000 斤番薯。我知道卖玉石的确很赚钱，做房产中介更赚钱，卖出一套房子就有几万块的中介费，但我要考虑做这件事究竟对自己来说有没有价值，有没有能力去做。显然我觉得是不值得的，因为我不是专业卖玉石的，就算一时幸运卖出了几块赚了一点钱，也难以持续，最终还是不了了之，而且给公众一个"什么都卖"的混乱印象。

产品也要对消费者有价值。有朋友会说，这不是废话吗？没有价值谁会去买，肯定是他们认为有价值才会买。这样去理解的话那就错了，购买不一定代表顾客认为有价值，有些购买行为是试探性的，有些是临时起意的，产品的价值要在后期使用，特别是更长的时间内才能体现出来。一件产品，特别是快消品，判断它有没有价值的方法很简单，那就是看看有多大"回购率"和"分享率"，因为回购和分享都是消费者对产品价值的肯定，能有较高回购率和分享率的产品一定是一件有价值的产品。

那么怎样选择有价值的产品呢？这只能来自日常经验的积累，不断筛选，把一些有价值的产品作为主打产品，价值较低的产品也不必淘汰，可以将其边缘化。

2. 有竞争力

你在一定范围内拥有的某种优势是别人不具备的，那就是你的竞争力。比方，你的生鸡是喂谷走地饲养的，而其他人多数都是喂饲料圈养的，那么你在这个圈子里就拥有了竞争力。如今打开淘宝，你想要什么东西都能在上面买到，多数店铺的产品同质化严重，同一种产品，你卖 10 元就有人卖 9 元，你卖 9 元它偏偏就有人卖 8 元，形成了价格战的恶性竞争，以致网店的产品如果没有竞争力往往都是九死一生。

我主打的产品通常都是有竞争力的产品，没有竞争力的产品只能作为陪衬。例如，盐焗鸡我采用喂谷走地鸡，芝麻糊粉我研磨多遍比别人的细，鸡蛋则销售蛋黄较香的黑鸡蛋，青梅酒则是自己浸泡的原生态青梅酒等。因为我很清楚，如果我的产品和市场的产品一模一样，那么人们也就没必要选择我这里，直接上菜市场买就行了，而且还任挑。

要想消费者隔着手机屏幕选择你，那么你的产品就必须具备某种优势。没有竞争力的产品，我从来都建议不要去做或者少做，没有自己的特色你将很难和别人竞争。有位亲戚说要开个实体店卖零食，我劝她放弃，一来她要卖的零食在超市里面都有，二来店铺位置也没有地理上的优势。这种没有竞争力的生意会很难做，勉强维持下生计可能可以，时间长了没有进步的话自己都会失去耐性。

3. 有收益

一款接地气的产品，应该是一款有收益的产品，顾客满意，你也满意。

收益当然包括多方面，有经济上的收益，也有无形的收益。经济收益是创业的"血液"，没有源源不断的"血液"供给，创业也就无从谈起，对于一个普通创业者来说，创业归根结底还是为了赚钱，改善生活。就算创业是一种情怀，如果没有经济收益，那么你的情怀也就如同荡漾的湖面上的一片枯叶，随时都会沉没于水底。

有一位朋友一直在做淘宝，他抱怨最近几年没赚到什么钱，价格定得非常低，还要经常花钱做排名、刷单、送赠品，经过一番折腾，订单量确实好看了，但实际是花钱买吆喝，收益很低，随时都可能关门。

有价值、有竞争力的产品自然也应该有收益，不过确实有不少好产品不能获得收益。例如我上面提到的这位朋友，他的产品其实并不差，只是深陷"烧钱买流量"的怪圈而不能自拔，在获取流量上投入了太多资金。

一款产品，如果是好产品，一定要预留足够的利润空间，否则它再有价值，好评再多，但是赚不到钱，你都没有继续做下去的动力。花钱买吆喝、低价占市场的策略会让自己陷入泥潭，只要有坚强的品质作为后盾，你就不怕消费者嫌贵。

7.3 怎样的产品会被顾客分享

有数据显示，92%的人认为，与其他广告形式相比，他们更信任来自家人或朋友的分享推荐。

分享是一种口碑传播方式，也是一种产品文化现象，人们之所以会去分享你的产品，无非就是你的产品具有某种值得他们去分享的价值。

做过保险的朋友一定对"转介绍"这个词非常熟悉，这是保险经理人非常注重的销售技巧，"转介绍"顾名思义就是让老客户帮你介绍新客户，这种销售方式具有省时、有效、成本低的优点。"分享"和"转介绍"非常类似，不同之处是"转介绍"多数是销售人员促成老客户介绍产品给新客户，销售人员会给予老客户一定的提成奖励，而"分享"往往都是客户的主动行为，没有回报。

创业之初，其实我也请求过朋友帮忙在微信上分享一些文章，甚至在微信群发红包鼓励群友分享，但我也很清楚这种方式只是权宜之计，经常要求别人分享，换谁都会烦，后来我也就很少请求朋友帮忙分享东西，只有获得顾客的主动分享才是长久之计。那么如何让顾客去主动分享你的产品呢？也许有朋友觉得，只要你产品够好，顾客就会主动分享你的产品。其实这不尽然，据我观察，就算某件产品非常优秀，而非合适的场合，一般人也不会轻易去分享这件产品。打个比分，我觉得某款磨粉机很好用，但我就从来没有向别人分享过这款产品，除非有人向我咨询什么磨粉机好用，我才可能会介绍。

那么如何让顾客主动分享你的产品，为你做免费广告呢？产品品质过硬当然是分享的前提，但也需要一些诱发因素。根据我几年来的实践，要让消费者主动分享你的产品，其驱动力主要来自如下几方面：展示成就、娱乐大众、利益刺激、表达态度。

1. 能展示成就

顾客不会无缘无故去主动分享你的产品，只有分享的后果要对自身有利才会去做，哪怕只能获得一点点自豪感。我有一款芝麻糕粉产品，平时极少做推广，大部分新顾客都是老顾客推荐来的。为什么会有这么多人愿意主动分享这款产品呢？动力是什么呢？经过我的调查，原来是因为顾客使用这款产品做成糕点后，会在朋友圈展示一下自己的"大作"，以图给自己带来一点点的自豪感。

2. 能娱乐大众

一块猪肉，一棵青菜，不管它多好吃，都不会有人分享到朋友圈赞美一番，因为习以为常的事物不值一提，而稀奇新鲜的事物则更能调动分享积极性。我有一款叫"凉粉草"的产品主动分享率较高，就是因为用凉粉草做出的红豆凉粉还是比较少见的食品，很多顾客便会分享到朋友圈，晒一下自己的"新发现"，以满足朋友圈的好奇心理，起到娱乐大众的作用。

3. 有利益刺激

走进一家餐厅，服务员喋喋不休地对客人喊着"分享一个朋友圈，结账打9折"。类似这样的场景，在各个商家里面并不鲜见。

这种在利益驱使下的分享活动参与率是非常高的，我们可以在产品上印刷一个二维码，扫码分享链接到朋友圈集赞就可以领取礼品或折扣，相信不少人都会好奇地尝试下。不过，这毕竟不是心甘情愿的分享，不排除有人拿了礼品后就把分享的内容删除，不过就算删除也没有影响，因为推广目的已经达到。

4.可表达态度

我们在朋友圈分享一篇文章，可带评论，也可不带评论，目的都是表达自己的某种立场、态度。如果分享的是旅途中的镜头、一碟美食那就是展示自己的生活状态、生活态度。总之，每一次分享的本质其实就是告诉别人你的态度。

对于一个喜欢饮青梅酒的人来说，养生、休闲无疑就是他的生活态度，那么他随时都可能通过分享来透露这种态度。而且，产品如果能长时间融入顾客的生活之中，那么它就能获得更大可能的主动分享。例如一坛青梅酒，它的食用周期通常比较长，日常生活中接触的次数就比较多，被主动分享的机率也就大，就算不在社交圈分享，也可能邀朋友前来品尝，进行线下分享。

7.4 如何介绍你的产品

人们在网上了解你的产品，是从你的产品介绍开始的，但是你经常会觉得产品介绍不尽人意，甚至连自己都看不下去？

产品介绍是传播产品文化的重要手段，一篇好的产品介绍往往能抓住顾客的需求点，刺激购买欲，提升转化率。俗话说"打蛇打七寸"，产品介绍追求的不是华丽冗长，而是简洁精悍，突出亮点，能轻易和顾客产生"共振"。这几年来我总结了以下 15 种描述产品的思路。

思路 1. 描述产品有何与众不同

例：酒糟酸菜，酒香回味，酸酸脆脆。芥菜放入高温酒糟浸泡过程中，由于菜叶菜梗没受到外力挤压，最大程度避免了水分和营养的流失，因此酒糟酸菜吃起来也就比市场上的腌制酸菜更脆。

思路 2. 描述产品值得购买的 N 个理由

例：绿壳黑鸡蛋，来自乡下的农家土鸡蛋。黑鸡生，滋补有营养；蛋黄香、蛋白厚；价钱实惠，还包送货上门；绿色的外壳，更具特色；采用时尚纸箱包装，送礼大方得体。

思路 3. 描述产品适合哪些人群

例：鸭脚木蜜俗称冬蜜，源于中药树种鸭脚木花蜜，是带有中药特色的蜂蜜品种，深受岭南地区人们的喜爱。冬蜜中含有多种酶和矿物质，体弱多病的儿童常食用后可以提高免疫力；冬蜜能刺激肝组织再生，肝炎患者常食用可起到修复肝脏损伤的作用；冬蜜可缓解神经紧张、促进睡眠，失眠患者、神经衰弱者每晚睡前一匙蜂蜜，可以改善睡眠质量；冬蜜对胃肠功能有调节作用，可使胃酸分泌正常，胃病患者常服用蜂蜜具有较佳的食疗作用。

思路 4. 描述产品的历史

例：大八仔经销的纯粮米酒，由程村黄氏酒坊采用农家大米和深井水经蒸煮、发酵、蒸馏、过滤等工序加工而成。黄氏酒坊成立于20世纪60年代中期，至今拥有50多年的加工历史，目前由黄氏第三代传人经营。黄氏酒坊加工出来的纯粮米酒备受周边乡镇村民的青睐，是当地家喻户晓的老牌酒坊。

思路 5. 描述产品的成分

例：原味芝麻糊粉采用 40% 大米和 60% 优质黑芝麻，清洗、晒干、炒熟后，再经粗、细、嫩三次研磨而成，不含任何食品添加剂。

思路 6. 描述产品能解决什么问题

例：油菜花粉即以油菜花为花源的蜂花粉，具有提高免疫力和抗衰老的作用，是前列腺药物的主要原材料，被誉前列腺炎的克星。

思路 7. 描述产品或产品创始人的故事

例：以往，如果你想制作芝麻糕，就要亲自动手对原材料进行加工，整个过程工序多耗时长。鉴于此，大八仔开始着手开发一款傻瓜式的芝麻糕粉，后经过反复试验和技术改良，终于在 2017 年 10 月打造出一款纯正嫩滑芝麻糕粉，只需加水搅拌蒸煮即可做出香滑 Q 弹的芝麻糕。

思路 8. 描述产品的使用办法

例：蜂王浆可以直接含服，慢慢咽下，或佐以蜂蜜食用，切勿用热开水冲服。一天两次，一次一汤匙，早晚空腹食用效果最佳。

思路 9. 描述可被人理解的弱点

例：纯手工泡制的青梅酒虽然比工厂批量生产的青梅酒价格高点，

但这是一款未添加任何添加剂的原生态青梅酒，非常适合追求健康和原风味的人士饮用。

思路 10．描述产品的视觉或味觉

例：大八豆豉，来自豆豉之乡——阳江大八。大八豆豉甘甜醇香、色泽黑、饱满、干爽。

思路 11．描述产品的制作过程

例：砂仁蜜采用春砂仁和蜂蜜浸泡而成。春砂仁经过数遍清洗去毛后晾干，再用白砂糖一层层铺到春砂仁表面，二到三天后春砂仁便会脱水收缩，把水分倒掉加入蜂蜜浸泡一个月即可食用。

思路 12．描述产品给人的感观

例：这种豆子颜色非常黑，主要产自粤西和广西一带，据说抓一把扔到江中就可以把江水染黑，因此得名"满江鸟"。从外面粗看还以为是普通的黑豆，如果不仔细分辨，十有八九都会搞错。

思路 13．描述产品名称的来由

例：大八凉粉草产自大八山区的深山岭脊，具有消暑解毒之功效，在民间它被誉为"仙人草"。传说在远古时期，流行一种传染性极强的怪病，得了这种病的人四肢无力、头痛呕吐，什么药也不见效，三五天便会不治身亡。七仙女见状，便在天上撒下一把种子，人们用这些种子长出来的草熬水服用后病情马上就会好转，人们便把这种草命名

为"仙人草"以纪念七仙女。

思路 14．描述产品的荣誉

例：春砂仁产自广东省阳春市，它浑身是宝，花、果、根、茎、叶均可入药，用于行气调味、和胃醒脾，被誉为"四大南药"之一。

思路 15．描述产品的未来

例：阳西上洋镇和沙扒镇一带的咸土栗子薯，粉而略带咸香味，深受市民好评。随着人们对健康的重视，都市人群已逐渐兴起低脂饮食，番薯这类粗粮的需求量将会越来越大，具有广阔的市场前景。

7.5 产品背后有情怀

产品销量高了，生意好了，作为商家虽然你觉得品质还是之前的品质，做法也还是之前的做法，但一定会有人说你现在生意做大了，做出来的东西没以前那么好吃了，没以前那种感觉了。我们是不是觉得很奇怪，东西还是一样的东西，为何有人说没之前的感觉了？从产品文化的角度来探讨，这其实就是情怀的流失。

情怀是什么？在我看来，情怀是对某种事物发自内心的认可和怀念，情怀是不需要说明理由的，也是不能反驳的，它是由每个人自主支配的。有人说情怀是多余的，情怀是不值钱的，客户只认品质和价钱。不可否认，产品的品质和价钱都很重要，但情怀是产品的情感，可以给人一种莫名的好感，就好比你遇到一位女生，你实在也说不出她有什么优点，但就是感觉很亲切很投缘。

1. 情怀的培养

像我卖的农产品，菜市场和各网络平台到处都可以买到，人们选择的空间很大，之所以会到你小程序下单，并不只是为了满足一日三餐，而是认可你和你产品的某一方面。或者认可你的人品，或者你的产品质量，这些认可都来自产品背后的故事，这些故事正是产品情怀的摇篮。

作者例文：青梅的故事（微信扫码阅读）　　作者例文：仙人草的故事（微信扫码阅读）

当然情怀的培养不只是靠写，更要靠身体力行。例如你在卖一款自制青梅酒，你将这款青梅酒描述得好醇香、多原生态，其实观众并不感冒，人们对这些溢美之词早已司空见惯了，认为只不过是一种生意套路，消费者的心态普遍都是半信半疑。故事既要讲也要做，我们要在摘果、制作、试饮等细节和部分顾客进行互动，通过行动让他们信服你这的确是一款好产品，而不是吹嘘。这些行动并不需要人人都来验证一遍，而是把握自我，知根知底，也不可能张三怀疑就给张三

试试，李四不信你就带李四去看看。

每一单交易就是一个故事，卖家是讲故事的人，故事的听众就是买家。讲故事做故事的目的就是让人们清楚你不仅仅只是为了赚钱，也能设身处地为他们着想。

2．情怀如何得以延续

我以前做过一个人气很火爆的论坛，当时在很多城市都有一个线上用户俱乐部，刚开始几年大家相处得很和睦，都是义务在为论坛添砖加瓦，不计个人回报去组织各种线下活动。大家都很喜欢这种团结互助的浅社交，认为论坛气氛好。可是时过境迁，当大家都互相熟悉了，人把人就看透了，渐渐地论坛就出现各种批评他人的帖子，互相指责互相举报，公说公有理婆说婆有理。看到这些不和谐内容，大家都不愿意多发帖了，原先经常组织活动的发起人也失去了积极性，论坛的气氛也就越来越差，"气氛好"的情怀也就一去不复返。

人与人之间的关系由疏远到紧密，交往越频繁，人的缺点就越容易被放大，反而距离产生美。这让我想起了一位我熟悉的风水"大师"，"大师"也就小学文化，早年跟人到外面做建筑工人，时间长了也就接触到一点住宅风水知识。例如什么位置放燃气具才会"有得吃"，窗要开在什么位置才会发达，其实也就是复制了别人说的话，人云亦云。村里熟悉"大师"的人都没把他当什么大人物，倒是很理解他借此混口饭吃。不过"大师"去到城里帮有钱人看风水可就风光了，宝马接送，五星酒店吃饭，在那些有钱人眼里"大师"的话都是真理，还庆幸自己能获得高人指点。

产品也一样，天天要吃的青菜猪肉其实也没什么情怀可言，而小时候偶尔吃一次的芝麻糊却能得到很多人的怀念，所以除了一些依靠质量赢得信赖的高端品牌，有情怀的产品往往使用、食用频率相对较高。

稳定的质量是延续情怀的重要保障，离开质量谈情怀那都是空谈。有了质量，还要掌握好营销尺度，过度的主动推销会造成人们对产品产生不了距离美，甚至形成排斥心理，而通过口碑传播的产品则更易延续情怀。因为口碑传播是人们对产品发自内心的认可，将产品的情怀在人与人之间进行传递、感染。

我有一款五黑鸡生的绿壳鸡蛋，品质不错，比市面普通鸡蛋香很多，虽然我前期也做主动推广，但获取了一批种子客户后我的重心就偏向做口碑传播。我把送货条件设的很低，买满 2 斤就全城包送货，目的就是让更多人进行体验，以带动口碑传播。少一点主动推销，多一点口碑传播，加上又有较好的品质作为保障，就可以给人一种距离美，保持这种距离美得以延续情怀。

本章小结

产品是生意的"命根"，要把这小本生意做好，并非嗓门大、会吆喝就行，长久之计还是建立自己的一套产品文化，形成自己的风格，方能深入人心。避免过度同质化，挖掘一些与众不同之处，努力做到"人无我有，人有我精"，才能在当下生存。

第 8 章
销售策略与技巧

"

做小程序微商绝不是发完朋友圈和微信群后就坐等收钱，小程序只是个销售工具，业绩的好坏在于经营者的销售能力，除了要制定未来一段时间内的销售策略，还要在销售细节上下功夫。

这几年我发现了一个有趣的现象，城市里很多楼盘的售楼处不叫"销售中心"了，改叫"营销中心"了。我以前一直没弄明白两者有什么区别，不都是卖楼吗？后来我想，是不是规模大点的楼盘叫"营销中心"，规模小点的则叫"销售中心"，又或者其实都一样，只不过是跟风，叫"营销"高大上点，叫"销售"小气点而已。

我为此在网上查了相关资料，总算搞明白了。营销是一个卖产品的系统工程，包括市场调研、市场推广、品牌策划、销售、客户服务等，而销售只是营销的一部分。营销是一种战略思考，注重建立能持续销售的系统，关心的是客户的需求和企业的持续经营。销售是一种战术思考，注重销售的技巧与方法，关心的是现有商品的销售和销售目标的实现。

这样说来最不该用"营销中心"这个词的就是楼盘了，房子都盖好了，还怎么关心客户需求？难道客户提出什么要求房子还可以改动？说持续经营就更是不着边了，房产商卖完楼都不知跑哪去了！说到底还是借"营销"之名行"销售"之实。

作为小商家就更不必给自己戴高帽了，做点小本生意谈不上什么"营销"，说实在点，我们做的其实就是卖产品，就是做销售。

做小程序商城的过程中，我也曾了解过不少关于这方面的销售知识，实际上微信商户平台已为我们提供了诸多销售工具，例如被誉为爆款的"社区立减金"。

此前，蘑菇街小程序率先参与了社交立减金功能的内测，上线仅12天就为小程序带来50万新用户，新用户的购买转化率达到18%。根据微信官方提供的数据，社交立减金裂变率达到150%，每次分享机会可以至少带来 1 个新的客人，同时获客成本可以低至 1.7 元。

还有"小程序红包"功能，顾客在线下扫码就可以获取商家发放的红包，用于获取新用户、巩固老用户关系、提升用户活跃度。

总之，这些销售工具被描述得神乎其神，不过我从来没使用过，因为使用这些工具需要很大的资金投入，而作为小商家，你投入少了收不到效果，投入大的话你又没那个经济能力。

我并不否认网络销售工具一时的作用，但绝非人人能模仿，摩拜、蘑菇街、星巴克用得好，那是有前提的，他们本身就有资金有用户，不管搞什么花样都会收到一些效果。而对于我们这些小商家来说，没资金也没用户，一切都是从零开始，要做好销售工作，归根结底还是要回到产品和服务上。

8.1 组建专业的配送团队

配送是小程序微商销售中的重要一环，不管是第三方配送还是自建配送团队，配送的效率都关系到销售业绩和团队形象，没有好的配送服务就算再多的订单都是无济于事，所以做好配送是小程序微商做好同城销售的重要保障。如小程序商城的客源并非以同城为主，那么则无需考虑组建配送团队，和各大快递公司洽谈优惠价即可。

1. 配送方案

我做小程序商城初期一直有一个困扰，那就是配送问题，当时研究了几个方案：

方案 1，自己送货；

方案 2，自建配送团队；

方案 3，使用邮政的同城快递；

方案 4，请人跑腿。

方案 1

自己送货的话，辛苦。没摩托车驾驶证，也没驾驶经验，虽然考一个驾驶证很容易，但是人的体能、精力都有限，这边花太多时间的话其他事情就做不好。

方案 2

自建配送团队，成本较高。由于送货要面对日晒雨淋、风吹雨打，在我们这种三四线城市要 5K 以上月薪才有人愿意做，起码要和快递员的收入持平。除了薪水还有燃油、车辆损耗、保险等开支。

方案 3

使用邮政的同城快递，速度慢。一般五六块钱一件（2.5kg 内），要隔天才能送达，有些物品还无法配送，例如酒类和鸡蛋。

方案 4

请同城跑腿，收费高，不灵活。视距离的远近每件在 10 ～ 20 元不等，配送工作协调起来很不灵活，例如会出现货到了顾客不在而又要把货拉回的情况，这种点对点的配送服务更适合市民间日常的紧急配送。

经过研究考虑，我决定还是使用方案 2，理由如下：

（1）配送效率高。给每一位配送人员制定好配送范围，其就会根据当天订单按自己设想的线路进行逐一配送，速度快，基本上当天可以送达。

（2）工作灵活。配送过程中总会遇到各种意想不到的问题，例如顾客临时改变地址或地址、需要货到收款、需要上楼等，第三方配送一般不提供此类服务，有了自己的配送人员则可以灵活应对。特别是遇到一些特殊情况，第三方配送本不提供此服务，但顾客又有要求，那么你就容易和第三方配送产生各种纠缠不清的矛盾。例如顾客本要求配送到 A 地点楼下，配送到了后，顾客说人走不开，要求爬楼梯送上 7 楼，否则退货。这种情况如果是第三方来配送，协调起来非常棘手。

（3）性价比高。自建配送团队的确有薪水和燃油等方面的开销，但和第三方配送相比还是实惠很多。假设一天配送 30 件物品，第三方收费起码在 300 ～ 500 元间，月开支上万，而自建配送团队一个送货小哥的各种开支只有一半。还有重要的一点，自建配送团队的配送小哥可以单独完成商品的分拣和配送，而第三方配送不负责商品的分拣，专门请一个人来分拣每月则需要好几千元的支出。

我们全副武装的配送小哥

（4）和顾客沟通方便。配送到位后顾客会咨询各种问题，自建团队可以对答如流，请第三方配送则一问三不知，直接影响到服务质量。

（5）有利于品牌形象。自建配送团队可给顾客一个专业、有实力的印象，大大提升顾客的消费信心。

2.配送人员的招募

招募配送人员并不容易，配送是一件很辛苦的体力工作，甚至还会被顾客责骂，遇到一些订单被顾客催促心情也很烦躁，因此做这份工作会产生很多怨言和牢骚，不是一般人能胜任。配送工作做的时间长了还会觉得工作机械无趣，缺乏发展空间，从而造成人员流失，一旦有一个人离职而未能物色到新人，整个销售工作就会陷入困局。

为减少配送人员的流失，所以招募时还是要有所讲究，我的原则是：熟悉、中年、较高薪水。

招募熟悉的亲朋、旧同事来做配送，的确是一种家族式管理模式，但对我们这种小创业团队来说却是非常有效率的模式，可以最大程度维持内部人际关系的和谐，避免劳资矛盾，出现问题还有商量的余地，员工稳定且很少流动。

不得不承认，做配送是没有什么前景的工作，年轻人一般都耐不住这份寂寞，我们需要的是志同道合的人。

我们配送小哥冒雨配送

我招募的配送小哥都是中青年人，一来体力充沛，二来人到中年总会有各种经济压力，加上自己的阅历不高，他们不轻易跳槽。

没有可观的报酬，我前面介绍的两种原则都是站不住脚的，一份没有多大发展空间的工作要想留住人，那么就要有可观的经济收入作为弥补，这也是他们积极工作的最大的动力。工资定得过低，要求过于苛刻，关系再铁也会找个借口离开。如果赚的钱只想着入自己口袋，和你共同奋斗的人只能吃残羹剩饭，分道扬镳只是迟早的事。

3.配送点设置

随着业务的不断发展，订单会越来越多，为了提高配送速度，就要增加配送点。刚开始我只有一个配送点位于市中心，有时到市郊送货来回要 20 多千米，随着订单的增加，非常影响配送效率，增加配送点已势在必行。

配送点的设置也有一番讲究，为了减少花销，配送点一般设置在商业不发达的偏僻角落，这些地方租金低而且也清净，你不是做线下门店的根本就不需要有人流的地方。配送点越多也意味着开支越大，尽量用最少的配送点发挥最佳的效益。为了优化配送点，我采用了"等边三角形"设置法，在市区设置 ABC 三个配送点，三点构成一个等边三角形，每个配送点负责以该配送点为圆心的 N 千米范围内的订单。如遇到某个范围未能明确是哪个配送点的公务员范围，则在微信群上沟通。

8.2 销售目标与销售方式

俗话说"万事开头难",小程序商城的运营最困难的时期是第一年,没有影响力、没有经验、没有资源,这些都让我们步履维艰。打造爆款,快速盈利是很多小创业团队梦寐以求的,但往往事与愿违,期望越高失望越大。只有制定切合实际的销售目标,一步一步地去实现,才会有进步的喜悦,这种喜悦继而转化成创业的动力。

1. 起步阶段每天只需 5 个订单

小程序虽是新事物,不过如今人们已经普遍养成了上网购物的习惯,也就能很快适应在小程序上消费,人们在小程序的使用上完全没有障碍。创业初期销售工作的最大障碍就是人们对你的认知,一个从来没有在你这里购买过东西的人,对你和你所销售的商品总会有各种各样疑虑,例如担心你不发货,担心你的产品品质不过关等。这时就要慢慢地积累订单、积累顾客,循序渐进地打开局面。

一开始我们不宜把销售目标定得太高,假如在一个小县城或三四线城市,最初两个月每天能有 5 到 10 个订单就是很好的业绩了。当然,这点订单是很难维持生计的,但只要你对自己的产品有信心,顾客也确实觉得好,小程序顾客就会不断累积。记得我刚起步的时候,每天也就几个订单,有时候甚至只有 2 个,连妻子都笑我连加油的钱都赚不回,不过我很清楚积少才能成多,想一下子就能赚大钱那是不现实的。所以,我建议,最初两个月每天能有五个订单就足够了,第三个月 7 个,半年后 15 个……一年后你每天就能有四五十个。

2. 两年内不考虑盈利

两年内不考虑盈利，有没有搞错？难道吃西北风？

没错！两年内能维持收支平衡即可，"活着"就是我们的目标。有数据显示，目前我国创业企业的失败率高达 80% 以上，而创业两年正是一个生死门槛，能迈过这个槛的 5 年内则还有一半的生存率，可以说，如果能坚持两年，那么你的创业就成功了一半。

两年不盈利会是一种怎么样的经营状况呢？是在迷茫中徘徊还是激情中前进？

两年不盈利绝不代表你就一无所有，这两年你一定要千方百计挖掘资源，如客户、流量、影响力、货源、渠道等都应该有会有所斩获。两年里虽然账面不盈利，但实际你是赚了，你应该拥有了上万名顾客，你的小程序平台是当地人日常消费的"菜市场"。庞大的顾客数量以及顾客的普遍认可，这就是你的宝贵财富，只要拥有了这些资源，盈利也就是迟早的事。如果你既不赚钱，也没积累到任何资源，那才是真的一无所有。

两年不盈利绝不是经营惨淡，而是要将利润用在资源的挖掘上，确保可持续发展。

3. 搞清楚自己的销售方式

我有位朋友做小程序商城，因为担心网上订单太少无法维持生存，所以又开设实体店铺进行销售，美其名曰"线上线下结合"。久而久之，朋友发现生意面临"两头难"境况：线下实体店铺做得好辛苦，早上七八点来开门，晚上八九点才回家，每天累成狗；另一方面，由于时间被线下挤用，线上发力不足，订单稀少，商城形同虚设。

所以一定要搞清楚你要做实体店铺还是做网络商城，谁都想两头通吃，但往往都是鱼和熊掌不可兼得。

虽然我也有仓库可以做成店面，但我从来不经营实体店铺，我们每天 10 点上班，6 点多就下班。我们都是普通人，能力和精力都是有限的，顾得东来顾不了西，本身做的是小本生意发不了大财，就没必要把自己折腾得太累，否则得不偿失。既然做小程序商城，就应该老老实实搞好自己的小程序，最大程度发挥自己的优势，一会搞实体，一会搞网络，三心二意的销售方式必然稀释了有限的精力，"1+0" 等于 1，但 "0.5+0.5" 可能变成 0。

8.3 你的主打产品是什么

你有没有主打产品？如果你的回答是"我全部都是主打产品"，那么很不幸，你并没有主打产品。

有一次我到某银行办理业务，等候过程中百无聊赖便到处张望，此时银行内有一条横幅引起了我的注意，上面的内容是"每一位客户都是我们的贵宾"。多美好的承诺，彰显了银行的责任心和服务态度，这类标语也是外人无法置疑的，因为这是正能量，是"正确"的口号。但仔细一思考，"每一位客户都是我们的贵宾"实际操作起来其实就是"不是每一位客户都是贵宾"，要不然银行怎么会有 VIP 窗口和普通窗口。

如果你没有主打产品，或者你说全部都是主打产品，那么你就没有工作重心，因为每一样产品它的利润、品质、需求量都不同，有些东西需求多一点利润薄一点，有些东西需求少一点但利润高一点，需要有侧重点。卖产品和一个人的饮食一样，都需要均衡搭配，油条上火就少吃点，鸡蛋有营养就多吃点。

那么该如何规划自己的主打产品呢，下面以我卖农特产为例，选择了三种类型的产品作为主打产品。

1. 薄利多销

有些产品的利润确实非常低，例如番薯，毛利才一元，刨除损耗、运输等成本后纯利润就更少了，不过这些产品却是我的主打产品。原因是这类产品利润虽然少，但是需求量大，每天卖几百斤就有好几百元的利润。还有就是，由于这类产品的消费人群较大，提升了小程序的使用频率，培养了用户消费习惯，还能抛砖引玉带动其他产品的销售，比如有位顾客本来只想买番薯，看到还有其他产品，也顺便放入了购物车。

2. 回头率高

我有一款纯正芝麻糕粉，是我日常主打产品，每包的毛利虽然只有十块钱，但由于回头率很高，顾客的主动分享也比较多，投诉率极低，有较好的口碑，把它作为主打产品对整个品牌的提升起到了非常积极的作用。一款高回头率的产品足以证明得到了消费者的普遍认可，爱屋及乌，那么消费者对你的其他产品都会较为放心。

169

3. 高利润

有些产品，例如果酒，虽然销量不高，但其利润相对比较高，一天能卖出个两、三大瓶收入就很可观，这种产品也是我的主打产品。当然并非所有高利润的产品都是主打产品，前提是你的产品有竞争力，有与众不同之处。

8.4 新产品的开发

不管多好吃的产品，吃多了都会觉得味道不如从前，一成不变的产品不管有多完美，时间长了同样会产生消费疲劳，这时如果没有产品的更新迭代，顾客就会觉得你故步自封，对你和你的平台也失去了持续关注的动力，从而造成顾客的不断流失。

只有不断地开发新产品才能维持经营的活力，这道理我们都明白，但是实施起来却一筹莫展，不知从何入手。其实开发新品也并不难，只要多接触市场，多接触群众，总会找到灵感。笔者以农特产为例，介绍几种挖掘新产品的方法。

1. 民间挖掘

两年前我在乡下一家酒坊初次接触到了一种用芥菜和酒糟浸泡而成的酸菜，名叫酒糟酸菜，吃起来酸酸脆脆，甚是美味。这是一款非常有特色的农特产，而市面上并没有这样的酸菜出售，我便嗅到了商机，决定制作这种酸菜出售，既丰富了自己的产品种类，又赢得了较好的口碑。

风流果这种果子我想多数人并不熟悉，在做农特产之前我根本就不知道还有这样一种果子。有一次下乡看到这种果子时我非常好奇，村民介绍用来泡酒具有补肾功效，我便根据村民的建议制作了风流果酒。

其实在民间有很多尚未商业化的小众农特产，只要多点和人民大众接触，你就会发现还有很多东西是你此前闻所未闻的，我们可以在这些新事物中获得很多灵感，从而开发出一些有特色的新产品。

2. 听取顾客建议

其实我有很多产品都是听取顾客的建议而推出的，例如芝麻糊粉就是一个很好的例子。在未做这款产品之前，一直都有顾客向我咨询有没有芝麻糊粉出售，由于加工步骤比较多，大家都不愿意自己动手，纷纷表示如果我能加工一款纯正又嫩滑的芝麻糊粉出来，他们都乐意购买，我觉得这是一个很好的商机。不过，此前我极少吃芝麻糊，更不清楚如何配料如何加工，我便到网上搜索了相关的资料，仔细研究后购买了加工设备，经过多次试验和改进，终于加工出一款品质较佳的超嫩芝麻糊粉。后来我发现，整个过程并没有什么技术难度，只要肯用心去尝试便能开发出一款好产品。

我还有很多产品都是顾客推荐销售的，当然顾客的推荐并不一定合适，可以结合自己的实际情况进行取舍和优化，听取顾客建议是开发新产品的常见而且有效的办法。

3. 独立研究

能独立研究出来的新产品并不多，毕竟如今你能想到的东西网上都可以找到，要做出一款市面上只有你有而别人还没有的产品是非常有难度的。不过只要勤于思考，我们可以在生活中捕捉到一些一闪而过的点子。

我的芝麻糕粉，是针对"懒人"定制的，购买回去用水搅拌蒸熟即成糕点，制作过程非常"傻瓜"。话说有一次我在朋友圈看到一位微商在销售芝麻糕，25元一盒，我自己从来没吃过芝麻糕，所以便很好奇，很想知道这种糕是用什么材料做成的，自己也想做来试试好不好吃。我便向该微商请教，微商简单地向我介绍了制作方法，我又在网上查看别人的制作经验，购买好原材料，根据网上的配方制作了起来。非常幸运，初次做出的芝麻糕很成功，味道和口感非常好，感觉这是一款非常有益健康的糕点。

其实制作芝麻糕并没人们想象中那么难，只是加工过程复杂，多数人都会望而却步。这时我灵机一动，为何不加工一款芝麻糕粉，为想吃芝麻糕的"懒人"们提供方便。我本以为网上应该有类似的产品，但到淘宝搜了一下并没有找到，原来这块市场还是一个空白，应该是一条财路。说做就做，经过多番原料比例增减测试，最终掌握了最佳口感的原料配比，加上细致的研磨，我就这样做出了一款芝麻糕粉。

4. 参考市场

如果只想着卖独一无二的产品，那么你就没什么东西可卖，我们可以到市场调研，了解一下什么产品比较受欢迎，在这些产品中挖掘适合你的产品。做农特产之初，我经常到市场看别人在卖什么，卖什么价格，虽然我不想卖同质化严重的产品，但有些得到市场认可的产品我也直接"拿来"，再做点简单的外包装。

8.5 要不要入驻其他平台

我的产品曾经入驻过当地一家大企业 A 旗下的一个农产品商城，A 实力雄厚，还有政府背景，商城是 A 和某些政府部门合作做的"扶贫项目"，平台入口就在 A 的公众号菜单，据说他们的公众号有 100 万粉丝，几乎是这个城市的一半人口。平台给我开出的条件是，顾客首次购物满 50 元就可以获赠 50 元话费，但平台要抽取营业额的 13% 作为报酬，货款月结。货款月结这点确实是很多商家无法接受的，不利于资金的周转，不过送话费的活动确实很诱人，当初的想法是如果赚不到钱的话应该还可以赚点人气。

结果销售效果并没我想象那么好。公众号虽然有很庞大的粉丝，但是入口隐藏在子菜单里面，很多人并不清楚从什么地方进入，就算有人进入，里面还有很多商家的产品，访客看到你产品的概率也就很低。

由于没有获得流量红利，A 建议我多点去推广他们平台的链接，让更多人知道有这么好的活动，我就这样成了他们的免费推广员。顾客遇到一些注册问题也会向我咨询，因为平台上面在线客服都是机器人回复，如此一来，我又就成了平台的免费客服。后来我认真思考了一下，感觉很不对劲，等于我出钱帮平台拿货来卖，平台分文不用出，月底坐收佣金，而且还多了一个人免费客服和免费推广员，平台真的太聪明了。

经过实践，这种进驻其他平台进行销售的方式并不理想，合作了两个月我就把产品撤下了。不久我发现平台的入口也从公众号的子菜单拿下了，原来这是一个虎头蛇尾扶贫项目，A 的市场部只不过需要造下势完成任务给领导看，过后就没人对此事上心了，毕竟大家还有手头的工作，卖农产品完全是上级安排的临时任务。

我并不反对多增加些销售渠道，但是自己做的是小本生意，人手、资金都非常有限，再和第三方平台合作你会发现力不从心，最后合作项目不了了之。我曾碍于朋友的面子和某家电子商务公司签署过代卖协议，也就是放产品到他们平台卖，他们卖出了就安排我们送货，结果三个月过去了一个订单都没有。还试过一家素食馆想代卖我们产品，准备将我的产品放到他们餐厅展示、销售，然后款项月结，结果我还在考虑中这个素食馆就倒闭了，据说还欠了很多供货商的货款无力支付。后来也有各类 App 平台邀请我加盟卖货，理由都一样，无非就是"资源共享"，或者"多一个地方卖货就多一份收入"，完全忽略了服务和资金周转的问题。事实上并不是加盟了平台上架后就可以坐等收钱，往往还需要你自己去做推广，与其如此，还不如花点心思推广自己的小程序。

最后我得出一个结论：做小本生意，不必到处铺货，专心做好自己的店铺就足够了。

8.6 巧用优惠券和"满减送"

如果一个顾客既有你的小程序，也有你的微信，他会选择在小程序下单还是在微信直接发红包购买？假如我是顾客，我会选择后者，因为直接和老板交易更方便也更有安全感。这样的话老板的工作量就会大大增加，工作量大了服务效率也会大打折扣，继而产生很多麻烦甚至纠纷。例如向顾客要地址和电话要等待几分钟，甚至几十分钟；有时因为要处理手头的事，没时间看微信，回复慢了顾客会觉得你服务态度差；收取货款时，有些顾客会感觉你在催债而心生不爽，我就试过一次早上向顾客索要货款被骂了一通，对方认为早上要钱不吉利。总之，偏重人工交易，小程序的优势就未能得以发挥。

很长的一段时间里，我未曾使用过优惠券和"满减送"功能，主要是因为自己销售的是小众产品，有需要的人就算没优惠都会买，没需要的人不管多大优惠都不会购买，何况自己销售的产品纯利润都比较低，优惠力度不大也没吸引力。

这种想法在一定的阶段是正常的，但是一旦顾客量较大，当有太多顾客通过微信聊天购买东西时你就会无法应付，引导他们到小程序下单势在必行。那么，既然顾客有你微信，顾客凭什么要舍近求远到小程序下单？经过尝试，我发现利用优惠券或"满减送"可以将这些需要人工服务的顾客引导到小程序消费。

话说一天傍晚晚饭过后，我遇到几个邻家大妈在家门口谈天说地，一位大妈说刚去附近某商场买白糖，商场这几天搞活动买满五斤白糖赠送一斤，其他大妈获悉纷纷表示第二天也要去买。我当时很诧异，没想到一斤白糖也有这么大的魔力。此前我正为如何将微信上的顾客引流到小程序下单而烦恼，大妈这么一说，此刻茅塞顿开，没错，就是使用优惠券和"满减送"。

设置优惠券和"满减送"，引导顾客从微信人工下单转向小程序下单

很快，我就在小程序上设置了优惠券和"满减送"，面值都很小，满 50 元就自动减 1 元，满 100 元自动减 2 元，还为大多数产品设置了 1 元、2 元的优惠券。

有顾客微信上找我购物我都推荐他到小程序下单，向他们介绍小程序下单有优惠券和"满减送"，这招非常见效，顾客纷纷表示去看看。虽说一两元的优惠力度很低，但怎么说也是一种优惠，如果你认为顾客是看中这一两元钱的话那你就错了，他们需要的只是这种支付时能被优惠的消费感受。

8.7 "限量特价"以点带面

限量特价类似于秒杀,但又不是秒杀。

做小程序商城运营这么久,对于销售技巧这一块,我一直的宗旨都是不必搞太多花样,能专注两、三门技巧即可。"限量特价"专柜就是我深思熟虑而新推出的,每天限量销售一些主打产品,目的就是在销售上以点带面,以及提高指定产品的关注度,经过一段时间的试用,效果很理想。

平时我们看到每个商超都有特价商品区,不过一般都是一些商家想尽快淘汰的商品,这是一种很传统的销售方式,算不上是什么技巧。但是我们又要想一下,能一直被人们沿用的销售方式肯定是最实用的,所以有时候我们不必过于拘泥什么新旧模式,只要是好用的就要采纳。

限量特价和秒杀类似,两者殊途同归,前者是一种慢消费模式,而后者是一种快消费模式,前者以量为限,后者以时为限。限量特价适合用户基数不大的商城,秒杀则适合那种用户量庞大的商城。如果商城没有较大的在线人数,使用秒杀其实并不明智,比方你举行某个秒杀活动,进行了好几天才有两三个人来参与秒杀,这数字会相当难看,你也没有继续搞下去的欲望,所以初创期不建议使用秒杀功能。

限量特价商品的展示方式、购买方式和普通商品一样,不需要像秒杀那样需要专门的"倒计时"界面。那么限量特价的销售方式有哪些优点呢?假设你有一款主打产品 A,定价 100 元 / 瓶,你希望能有更多的人来关注和购买它,因此你定了一个特价 95 元 / 瓶,这个价格的利润是较低的,所以又不能无限制地销售,那么就要设定每天限售

N瓶即止。限量特价商品售罄后，顾客要么按原价购买，要么在第二天上来抢购，这样既提高了产品的关注热度，也提升了小程序的打开频率。小程序的打开频率高了，顾客浏览其他商品的机率就会加大，原本只想买A的，就可能连同B、C一起下单。

限量特价商品的定价是有技巧的，不宜过低，最好不低于原价的90%，因为它不是淘汰品，特价设置过低的话，一些按原价买了一样东西的顾客就会心里不平衡。特价商品不能使用次品，或者即将过期的商品，这个问题我在前面的章节已经讨论过了，没有任何顾客会因为廉价而容忍次品的。

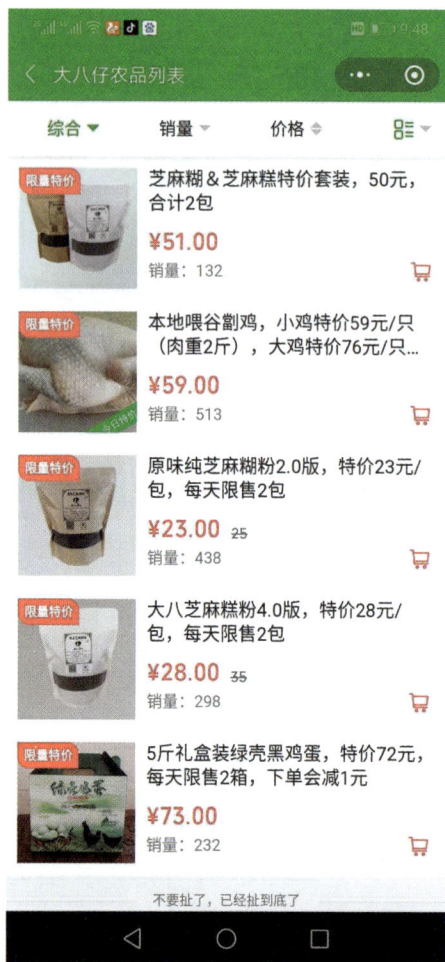

限量特价是一种实用的传统销售手段

8.8 产地户外销售活动

组织产地销售活动是商家拉近自己与顾客距离的绝佳方法，在销售上能起到了一两拨千斤的作用。我每年都会组织一些顾客到产地采风，现场销售农特产，不管是蜂蜜的现采现卖，还是青梅子的现摘现卖，都屡试不爽，收获颇丰。

不少人认为，组织此类销售活动需要声势浩大的场面才会有好的效果，事实并非如此，到现场的顾客不需要太多，十来二十个才是最佳状态，人多了难以控制场面，因为总会有人不听从安排，不排除会发生不可预测的麻烦事。光靠现场十来人购买，销量当然是非常有限的，但配合公众号、抖音和朋友圈的"现场直播"则会带来数倍于现场的销量。有一年的元旦，我曾在鹅凰嶂自然保护区组织过一次蜂蜜现采现卖活动，现场来了 20 人，只卖出四五百斤蜂蜜，但是当天朋友圈的直播和公众号的前期预告带来的销量则有一千多斤。

不过组织这类户外销售活动容易存在安全隐患，如何回避风险是非常重要的问题，如果活动是你组织的，顾客发生交通事故，或者在销售现场发生人身安全事故，都会对你的声誉造成影响，甚至不明不白地卷入官司。所以进行此类活动我通常都不说"组织某某活动，欢迎报名"，而是说"我在某地做某事，可来围观"。前不久网上就有一则新闻说一男子爬树摘果子摔死，家属状告借杆人索赔 25 万，虽然最后法院不支持原告诉求，但还是要进行庭外和解，给予死者家属其他方面的补偿，此事想必给借杆人造成了较大心理创伤，我们要引以为戒。

值得一提的是，举行此类户外营销活动尽量不要提供交通、食宿等安排，应该是一种完全自愿松散的"围观"，这时如果谈服务，那就更坐实你是以牟利为目的的商业活动，服务好而且不出问题还好，但如果服务不周到你还不如让人家自主安排。我就曾搞过一次户外营销活动，答应免费为大家提供鸡粥作为午餐，结果来的人太多，鸡粥不够，造成后面来的人饿肚子，他们也没自备粮草，我就挨了一顿臭骂。

有朋友会觉得如此这般是不是过于谨小慎微，缩手缩脚，做不了大事。如果不出问题你可以这样理解，但是一旦出了问题，要负起刑事责任或民事责任的时候你就追悔莫及了，为了赚这一百几十块，可能会付出很大代价。

你不是旅行团也不是户外俱乐部，只是个小小的微商，户外营销活动搞得越"正规"，麻烦就越多，时间长了你就会放弃，反而只是把顾客当作匆匆过客或围观群众，工作量少，风险低，才得以坚持。

本章小结

小程序商城和微信商户号为你提供了众多销售工具，但是真正适用的也仅仅是个别。想做好销售工作，最终还是要围绕产品和服务做文章，确定总体目标后，销售技巧专注少数几个即可。

第 9 章
瓶颈、风险与出路

"

创业不可能一帆风顺，总会遇到各种荆棘，两年后你会
发现瓶颈，五年后会出现各种风险，十年后你就要寻找出路。

不管是开实体店铺，还是做网站，又或者做小程序微商，我们都不必指望做成百年老店，世界风云变幻，三十年河东三十年河西，计划总是赶不上变化。起初我们对未来确实没有过多的考虑，因为我们的目标很简单，仅仅只是想"活着"，但努力活着的过程中不可避免会遇到各种瓶颈和风险，这时我们将面临不进则退、不变则衰的困境，也是时候该为自己找一条好的出路了。

9.1 小程序微商的瓶颈

刚开始创业的时候我们都是满怀豪情，以为前景广阔，可以大展身手干一番事业，这时我们不会觉得有什么瓶颈，就算认为有瓶颈也会"船到桥头自然直"。最近几年，中西方正在发生政治体制层面的冲突，特别是中美贸易战以来，物价上涨、人民币贬值、外资撤离、失业增加、新生人口断崖式下跌，一系列的连锁反应令不少企业、店铺的生意每况愈下，勉强维持也是苟延残喘。总之，目前的气候环境下，生意越来越难做，危机感越来越重，这种局面可能还是长期的。小程序微商也同样离不开这个时代大背景，只要过了两个年头，你的发展瓶颈就会渐渐显露。那么我们可能面临着哪些主要瓶颈呢？

其他：17.02%

营销：2.1%
规模效应：2.1%
技术：3.5%
政策与法律：5%
运营：5.71%
团队：7.11%
用户：9.91%

资金：25.53%

商业模式：12.11%

产品：9.91%

创业死亡原因占比

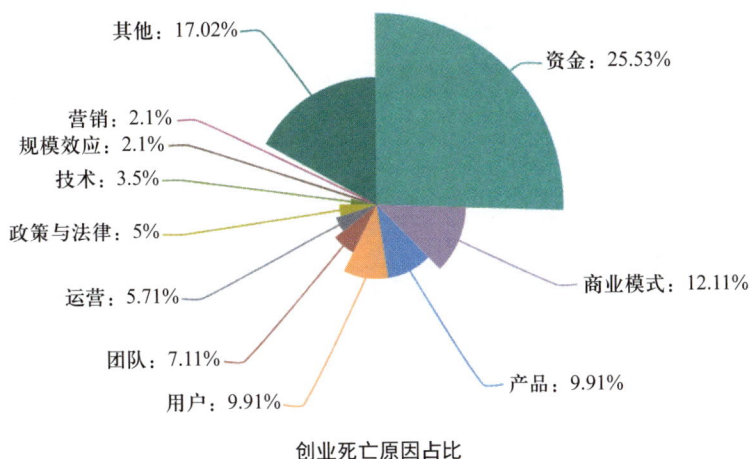

1. 两年内的资金瓶颈

不管做什么生意都是以盈利为目的，初期为了打好基础不盈利那是可被理解的发展策略，如果打拼了两年还是不盈利甚至亏损就意味着会面临很严重的资金瓶颈。不盈利会失去斗志，亏损更是就加速了关门那天的到来。

资金瓶颈很难解决但可以预防，我的策略是"轻投资＋滚雪球"的滚动发展模式，用最少的钱做最好的事，循序渐进，不好大喜功，有多大的头才戴多大的帽。目前我们已实现盈利，这种盈利当然不是指赚了多少大钱，而是起码说明团队里每个人的收入能比当地人均收入高，能维持日常经营开支。有些创业者启动资金本身就非常有限，还把资金用于追求一些外表的装饰。例如仓库要面积大，办公室要上档次，广告投放要遍地开花，如此必然增加了许多不必要的开支，一旦后面收入跟不上就难以为继。

所以创业初期要节衣缩食，不该花的钱就不要花，面子的好看只是一时的，留下的痛却是长期的。

2. 两年后的发展瓶颈

创业满了两年，我们会发现面临着这么一种状况：收入还行，日子过得还可以，但是似乎走到了头，每天都在重复昨天的事情。

不知如何去突破现状实现可持续的发展，这不但是其他创业者面临的困扰，我自己同样也有这样的问题，有时隐隐约约有一种不知路在何方的感觉，我们都不想工作总是一成不变，都非常期待有新的突破。

两年过去了，如果遇到这样的问题，那真的该好好思考一番了。今年卖番薯，明年也还在卖番薯，尽管收入高了那么一点点，但是外界看不到你有真正意义的进步，你的内心也会越来越空虚，正如郑智化的那首《水手》中的歌词：

如今的我生活就像在演戏，

说着言不由衷的话戴着伪善的面具，

总是拿着微不足道的成就来骗自己，

总是莫名其妙感到一阵的空虚，

总是靠一点酒精的麻醉才能够睡去。

我觉得是时候该有所改变了，我决定花点资金，加大一些有竞争力产品的推广力度，再承包一些农家项目，扩大产量、销量。虽然路子有很多条，但只有适合自己的，自己有信心去落实的才行得通。每一创业者的处境都不同，如何去突破这种瓶颈是不存在统一处方的，不过有一个思路，就是从自己的优势入手，将优势放大。

9.2 不可忽视的风险

做互联网这块，有些风险你是很难预测的，这种风险并非只是内部经营上的问题，更可能是一些自己认为问题不大的外部因素，它带来的影响往往是致命的，而且容易被忽视。

一些老网民应该听说过56网，一个曾经风靡一时的视频网站，在2008年可谓如日中天，一度占据了国内第二大视频网站的位置。可是，管理层的政治敏感度不够，56网非但没有顺利拿到视频许可牌照，反而因为视频内容审核的失误被有关部门作出关站一个月的处罚，这基本等于判了"死刑"。

正是因为错失这一个月的黄金时间，使得56网的命运由盛转衰。首先，好不容易聚拢的人气一下就掉了；其次，闭站风波后VC认为有"政治风险"，不敢再追加投资。

一直以来我们都有这样一种想法：只要勤勤恳恳、老老实实，而且自己又有能力，那么你就可以安安心心创业。事实上这种想法过于理想主义，你在这个社会不是孤立的，你会受到各种各样的干扰，就算你遵纪守法，也会有莫名其妙的不幸降临到你身上。

这里我想起了一件往事。2009年互联网刮起了一阵网站大整顿之风，全国数以万计的网站被关闭，我的网站也被机房拔了网线，这对我这个全职站长来说简直就是灭顶之灾。我问机房，我既没违法又没欠费凭什么拔我网线，机房说现在风头紧，带有论坛舆情功能的BBS都先关了，免得惹事。机房言下之意就是不管三七二十一，宁可错杀一千也不要放过一个，这和你是否违法无关，和合同契约无关，和私有财产是否得到保障无关。幸好后来我及时把服务器搬回了我们当地机房，网站才活了。

以上就是一些难以意料，并很有中国特色的风险，做小程序微商也一样，存在着一些隐性而不起眼的风险。

1. 被恶意举报的风险

就算你自认为没得罪过什么人，但被恶意举报这种风险还是相当大的，在十几年前我就曾有过这样的经历。那时我只是做一个个人性质的摄影交流网站玩玩，挂了一个广告代码，网友点击了我就有广告费收入，那是当时个人网站获得收入的普遍做法。不知被何人向工商部门举报说我在非法经营网站，工商局到家里一查，说网站挂了广告就算以盈利为目的，就需要《营业执照》，没办执照就是非法经营行为。

不久前我就在微信开放社区看到一个帖子，有位创业者在哭诉其小程序被竞争对手恶意举报后遭下架。做小程序，最容易被投诉的理由就是"与服务类目不符"这条，因为有不少小程序是不具备某些特殊资质的，要取得这些资质相当困难，便有创业者采用"移花接木"的手段欺骗审核。例如，提供外卖平台服务的小程序需要提供《增值电信业务经营许可证》，这种证件对中小创业团队来说几乎是不可能拿到的，便出现了有些开发者在版本提审时展示无关内容，但实际运营过程中却提供了外卖平台服务的现象。这种情况被平台认为这是恶意对抗平台的失信行为，一旦被竞争对手举报并查实就会遭到平台处罚，暂时下架或永久封号。

除了上面提到的"与服务类目不符",诸如"诱导分享""恶意营销""不实信息""欺诈"投诉项目都容易招致恶意举报。虽然被恶意举报的风险并不高,但在经营过程中一定要谨慎,不被他人抓住把柄。

2. 政治风险

有人觉得政治风险离我们还很远,那你就大错特错了。例如小程序展示了错误的地图、不该出现的历史事件图片、影响某些实权部门形象的视频,又或者转载了地方政府的负面报道、与官方媒体不同调的观点,这些都会让你惹上麻烦事。

政治风险是最容易被忽视的风险,一旦出现一次就难以挽回,所以一定要保持政治敏感度,小程序不要涉及政治话题,特别是意识形态、领土完整、政治体制、国家政策等话题。更不要以为自己已经把握好了尺度就可以适当发挥,因为这个尺度标准不是你来定的。笔者从事网站经营十几年,和很多部门有过接触,在这块有较深的体会,在此就不深入探讨了。

3. 技术迭代的风险

互联网产品的寿命普遍都是短暂的,往往十年就是一个兴衰周期,不管 BBS、博客还是微博,都经历了或正在经历从兴旺到衰落。

六七年前我每天都在刷微博,而如今已经有好几年没发过微博了;用了 20 年的 QQ,这些年的上线次数也寥寥可数;十年前做站长还很吃香,而如今这个群体差不多已经消失了;十年前做淘宝赚得盘满钵满,如今门庭冷落。

显然，如今风头正劲的小程序同样摆脱不了这种命运，只是没人知道它什么时候会没落。小程序自2017年初诞生至今虽然已经三年了，但市场并没饱和，我接触到的很多人都还不清楚如何建立和运用它。小程序创业的黄金时期远没过去，远的不好说，未来4年内都应该还是最佳的创业时期，越往后创业的难度和风险就越大，我们要把握好这个时间红利。能吃到虫子的小鸟，不是因为它有多聪明，而是因为它起得比别的小鸟早。

9.3　小程序微商的出路

如果十年后你依然在做着和十年前一模一样的工作，而且在经济上没有较大改善，那么不会有人认为你的事业是成功的，除非你"知足常乐"。人生易老，岁月无情，我们创业收获的不应该只是年龄，而是要么在事业上有所突破，要么在物质上能得到满足，又或者阅历上更为丰富。人总归要向前进步，哪怕慢一点，也是进步，有时就算你想维持现状，但时势逼人，不变都不行。通过小程序做点小买卖，同样也会有竞争、有压力、有瓶颈，总会遇到踌躇不前的时刻，连你自己都搞不清楚路在何方。我们的出路究竟在哪里？

1. 坚持"小而美"

曾看过一篇报道，有一个订花的小程序的团队只有5个人，却实现年营业额超千万（盈利不详）。他们采用分销的销售模式，发展许多顾客和花店成为分销商，这些分销商成了他们不需工资的"员工"。在我们当地也有一些餐饮、旅游类的团购平台，采用的也是分销模式，一些家庭主妇成为分销商后卖力地推广平台，推荐亲朋好友前来消费，然后从中获取佣金，平台因此获得了巨大的流量，几个人的小团队就能把团购平台做得风生水起。

"小而美"中的"小"既指专注某细分领域，也指团队规模精小。即使团队只有四五人，只要能够完成职能分配，并进行良好的业务协作，那么就是一支优秀的"小而美"团队。"小而美"的团队比起大型团队来说有更多优点，例如机制更加灵活、分工更加精细、协作更加深入、目标更加清晰，能够避免大型团队沟通不利、运作低效的各种问题。

只是要成为真正的"小而美"的项目并不容易，虽然我们可以在细小领域专注打拼，但是要实现团队小、收入高则很难做到，即使推广上你可依赖他人把流量做大，而实际上做网络买卖并非有了流量就万事大吉。上一章我也提到，做

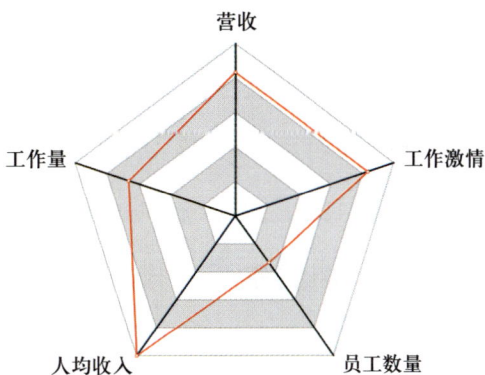

小而美的运营状态

小程序微商归根结底还是要回归到产品与服务上，是劳动力密集型项目，没有人手根本就无法把这些工作做到细致。现实情况是，团队要小，那么利润就很难上去，没有丰厚的利润根本谈不上"美"。

虽然绝对的"小而美"很难做到，但是相对的"小而美"还是有

可能的，团队五六个人，经营的产品受欢迎的话，做到年纯利润 30 万以上也并不困难，这在一个三四线城市可以过得很滋润的了。

2.转型"互联网＋实业"

我销售的农特产纯利润普遍都较低，如果想做到"小而美"是非常困难的，因为想实现较高的纯收入就得有较多订单，可订单多了则同城配送就需要更多的人手，最后你会发现，订单虽然多了，开支也大了，纯收入并没明显的增长。

有亲属建议我卖一些利润较高的产品，例如海产品或红酒、洋酒。但我觉得海产品店到处都有，市场已经严重饱和，自己也没有进货上的优势，放上去虽然也有人购买，但是难有量的突破，不少顾客买比较昂贵的海产品还是习惯到实体店挑选。红酒、洋酒就更难卖了，这类酒卖的是人脉，而且要店面装修上档次的酒庄才能卖得动。

经过多番思考，我为自己找的出路是"互联网＋实业"，待拥有了一定的用户基础和经济基础后，将自己部分有竞争力且消费人群广的产品实现批量生产。销售渠道以小程序为主，经销商为辅，顾客群以本地为主，逐步拓展到省内。而且要不断增加跨市邮递订单的比重，邮递订单和同城订单不同，如果是 100 个订单，前者只需要两个人就可以处理，效率高，运营成本低，而后者则需要 4 名配送员。

实业是指一些落地的项目，例如养殖、种植、加工，经济实力不足可考虑一些投入少、风险低、市场需求大的项目。

目前我已在乡下开了一个中等规模的养蜂场。蜂蜜是顾客很"敏感"的食品，因为市场掺假的太多，多数人购买时都很谨慎，如果是去"拿货"的，顾客一般都不信任其品质，只有你自己养的大家才相信，才会有好的销量。此前我研究了很多养殖种植项目，发现大部分投入大、风险大，而养蜂的成本则低了很多，一箱蜜蜂的投入也就 200 来元，所需的人手也少，在农村花点钱请位老伯看场就行了（或者采用分成的方式）。纯正蜂蜜的需求量特别大，利润可观，我有位亲戚夫妻俩就靠养蜂在市区买车买楼，我现在也打算逐年扩大养殖规模。

芝麻粉系列产品也将是我的下一个量产产品，计划日后开设一个小型芝麻加工厂。芝麻加工其实没有什么技术含量，最需要的是耐心，这正好和我的性格相符，感觉自己特别适合做这个。

转型"互联网＋实业"是小程序微商发展到一定阶段较易操作的一条出路,将自己最有优势的产品进行一番策划,推向更广的市场,实现量产。当然,这必不可少需要一笔资金,因此做好前期积累非常重要,要不就会巧妇难为无米之炊。

3. 转型综合交易平台

小程序有了较庞大的用户群,但是提供的产品和服务较少,营业额无法提高,流量资源白白浪费掉,此时可以考虑转型提供更为丰富的产品或服务。转型的方式有两种,一种是在不改变小程序原有类目的前提下,对产品类别进行扩容,第二种是更改小程序类目,做成一个综合性的电商交易平台。

先说第一种,在原有的基础上对产品类别进行扩容,这种操作较为简单。例如卖农特产的同时也可以卖水果、特色零食、杂粮糖水、农家甜品等和主营业务有一点关联度的产品,做成一个满足人们一日三餐的主题商城。

第二种则较为复杂,将小程序商城升级成一个可让商家入驻的电商平台,小程序也支持通过重新认证的方式进行改名。这涉及小程序类目的变更,如果你的主体是个体户而不是企业,则无法申请到从事电商所需的《增值电信业务经营许可证》,前提是要注册成为企业。

4. 被收购

做同一件事情时间长了难免会失去耐性,这时就会考虑放弃,大部分创业者的放弃方式都是让项目自生自灭,直至消失。与其让不良资产白白浪费掉，不如重新包装再出售，被收购套现离场才是最好的出路。

不管是网站还是小程序，被收购的案例都很少，不少人都会感觉希望渺茫。其实不然，有很多人都在寻求购买各种资源，只是你未能联系到他，他也未能联系到你。写作此书的时候，我决定放弃我上一个创业项目，那是一个经营了 15 年之久的网站，由于精力有限，激情不再，继续下去也不会有任何进展，甚至关闭。幸好我在站长界也打拼了十几年，比较清楚有什么渠道可将它转让出去，结果不出半个月，就找到了买家，卖了一个满意的价钱。网络项目不同于古董，没有收藏价值，如果还是恋恋不舍以致错过最佳出手时机，最终只会烂掉，结果分文不值。

要清楚的是，只有当客户认为你的项目有价值才会有兴趣。仅仅是做一个小程序谁不会？小程序本身并不值钱，值钱的是它背后的资源，例如流量、顾客数量、营业额等。

本章小结

不管做什么生意，遇到发展瓶颈，或者由盛转衰都是一个不可违背的自然规律，只是迟早的问题。我们要把握最佳时机进行转型或者转手，发挥项目的最大价值，而不是守缺抱残。

第 10 章
案例浅析

"

　　我们不必走和别人一样的路，但我们可以看看别人是怎么样走路。这里随机列出数个小程序商城案例，分析他们的优缺点，供读者参考。

小程序商城的成功案例可谓数不胜数，有广为媒体报道的，也有闷声发大财的。这其中有不少是做内容起家的，比如本身就拥有数百万粉丝的公众号，再搭配一个小程序卖货，就轻而易举成了成功案例。还有一些则是依靠资金烧起来的，也许是亏损，但是他们可以请"枪手"写几篇软文，把自己包装成行业标杆。这些成功的经营者，要么是学霸，要么是富二代，要么是海归，要么就是技术大咖，总之他们拥有的资源我们草根一族是不可以与之相提并论的，你根本无法复制他们走的路。

我们不能，也不必去复制别人，但可以看看别人怎么样做。这章我随机挑几个案例，提点个人看法，以此给读者一些启发。

10.1 农业合作社小程序商城案例

韩城市民乐沼气专业合作社成立于 2009 年，是以沼气循环利用为基础，养殖业、种植业相结合的专业合作社，拥有数个养殖基地和水果蔬菜种植基地，社员达 806 人，资产 2000 万元，年销售额 800 万元。合作社于 2019 年 7 月建立了名称为"渭健源农特产"的小程序商城，服务类目为"初级食用农产品"。

一打开小程序就出现一个广告弹窗，需要手动关闭弹窗才能浏览首页，而且就算关闭了弹窗，在子目录返回首页一样还会弹出来，这种弹窗设置非常影响用户体验，要知道现在大部分网民最烦的就是各种弹窗广告。

关闭弹窗之后，出于职业习惯，我首先看的是小程序的选项卡，分别有商城、动态、会员权益、购物车、我的等五个选项卡。"动态"一项设置得非常好，用于发布合作社的各种资讯，可是"会员权益"这一项则显得是多余的，点击进去就是一个会员充值的页面，这个链接完全可以放到"我的"里面。

顶部的产品分类图标的设置显得画蛇添足，会员服务、余额查询、推广中心这些入口都是使用频率极低的，不应该占据这么重要的位置。

运营建议

根据小程序服务资质的要求，经营初级食用农产品是不需要提供《食品经营许可证》的，但是商城也存在一些经过加工的食品，这不属于"初级食用农产品"的范畴，存在被竞争对手投诉或者下次提交升级代码无法通过审核的可能。一般情况下，微信平台不理你就没事，一旦严格起来就相当棘手。

看合作社的官方介绍显示，合作社有近千位社员，这是一个庞大的队伍，如果能利用好，他们就是小程序的义务推广员。该合作社拥

有丰富的原生态农产品，加上推广上具有先天的优势，剩下的问题就是思考如何充分整合这些资源，商城完全可以打造成当地有影响力的网上"菜市场"。

10.2 综合类小程序商城案例

"也食也趣"是一个集吃和玩于一体的小程序商城，平时销售农特产作为收入来源。首页比较花俏，以吃玩方面的资讯为主，初次浏览给人印象更像一个主题社区，点击"严选"选项卡才知道它原来是销售农特产的商城。

该小程序的频道较多，有资讯、社区、商城、视频集、附近商铺、粉丝交流区等，显然经营者意图打造成一个综合性的吃玩平台，然后通过销售农特产盈利。

虽然小程序的内容较为丰富，不过很多功能也形同虚设，例如"社区"频道建立了全国各城市的交流版块，除了重庆版块，其他城市的帖子数量都是 0，"签到"功能更是要何等闲人才会使用。

运营建议

小程序的精髓在于"小",提供的内容或服务越多,定位就越不清晰。在如今这个信息爆炸的时代,人们并没有太多的时间浪费在小程序上,大部分人的浏览目的都很简单,就是来看看有什么农特产卖,而并不需要看各类无关的视频集,也没有闲工夫去签到。

从社区版块设置可以看出,农特产的目标消费人群也不小。建议经营上收窄一下目标群体,例如只卖重庆的特产,消费群体定位为重庆本地人,以及在外地定居和工作的重庆人。砍掉一些可有可无的内容,把商城放在首页,突出业务重点,让小程序更加精悍,使用更加方便。

10.3　同城蛋糕配送小程序商城案例

ebeecake 小蜜蜂蛋糕是北京知名的高品质蛋糕品牌,专业制造并配送健康美味的蛋糕,至今已经有十年的历史,其销售渠道主要是网络和电话,北京六环内提供免费配送。ebeecake 的主战场一直在天猫,到 2019 年初才推出自己的小程序商城,目前小程度评分高达 4.8 分(满分 5 分)。

ebeecake 小程序给人第一感觉就是简约精致,选项卡的图标很有个性,看来在设计上曾颇费心思。可以看到预存充值和生日卡也是ebeecake 的主打产品,这也给我带来了一个思考,那就是真正会去小程序上预存费用的人会有多少?就我个人来说,没有预存费用的习惯,更何况是消费周期较长的商品，一年也买不了几次，更没有预存的动力。

ebeecake 的蛋糕价格比较高端，一个 2 磅的蛋糕通常要 300 元上下，而在我们三四线城市一般不超过 200 元。对于商家来说，如果商品利润较高，采取预存返利的方式还是可行的，如果商品利润低，预存的方式并不合算，因为返利少了顾客没动力，返利多则成本高。

奇怪的是，小程序的选项卡并没有"购物车"，这种设计非常不人性化。我在首页点击进入商品详情将商品放入"购物车"后会跳转回首页，想去购物车结账，但是找不到入口，后来才发现"购物车"原来隐藏在商品分类页的底部。不过当我查看"商品评论"区又发现有很多顾客留言，如果有如此之多顾客，怎么会没人发现并报告这么严重的 bug？所以我断言其小程序使用率并不高，因为我的小程序平时出现故障很快就会有顾客在微信咨询原因。

运营建议

"购物车"的放置方式很另类，可能设计者是想制造一种与众不同的体验，但问题是，推出小程序就是为了方便顾客消费，而不是给顾客增加麻烦。可以增加一个选项卡，用作"生日点播"，里面放置一些喜庆乐曲，方便顾客播放或分享祝福，这样的服务较人性化，而且也能带来更多流量。

10.4 菜市场小程序商城案例

说起网上买菜，如今正处风口浪尖的莫非"叮咚买菜"了，它是一个服务上海及周边城市的买菜应用，到 2019 年已经完成了 5 轮融资，拥有 300 多个配送点，日订单总量超过 20 万，不过其盈利模式也被业界普遍质疑。

我浏览了一番"叮咚买菜"的小程序后，又下载了其 App，两者可以说长得一模一样。"叮咚买菜"的使用体验几乎和其他小程序商城没有什么区别，不过有一点很实用，就是在填写收货地址的时候采用的是地图选址，不在配送范围的位置无法选择，这是很多第三方服务商提供的商城所不具备的功能。其实我在同城配送过程中就经常遇到这么一种情况，设置免费配送区域时可选择的最小区域只能是县区，但是实际情况是县区下面还有很多偏远的乡镇并不在免费配送范围内，需要收取快递费，结果就

出现这些乡镇的顾客下单后系统无法收取快递费的现象。

试着购买一斤 1.2 元的冬瓜，也能下单，还不收运费，而且一小时左右就能送达。

据说"叮咚买菜"的平均客单价是 45 元，如果有 20% 的毛利的话那每单毛利还不够支付配送员的单次配送报酬，而且配送点的租赁、蔬菜损耗、车辆运输的开支都是非常庞大的，所以"叮咚买菜"处于烧钱状态那是肯定的。

运营建议

不管用小程序做什么类型的买卖，最终都是以盈利为目的，"烧钱"的模式也许适合投资者，但并不适合个人。投资者经过一番包装和鼓吹，获得融资后就可以套现退出，钱到了手他就是"成功"的，而对个人来说没有利润一天都难以维持。当然，个人创业者通过小程序商城卖菜并非没有"钱途"，可以选择在一个特定的小范围内提供服务，再对社区内人们的日常需求进行深挖，提供一些增值服务，做精做专，五六个人就能运作得很好。

10.5 微信小店小程序案例

微信小店小程序是微信公众平台提供的一个免费商城小程序，拥有一个经过认证的公众号即可快捷开通，每年只要缴纳 300 元的公众号认证费，无须其他任何费用。申请成功后，顾客可以在你搭建的小店小程序里完成下单、查看物流和商家沟通等商城的基础功能。

我并没有申请过小店小程序，不过此前协助过一位顾客创建过。对于网络开店方面的知识，这位顾客可以说是菜鸟中的菜鸟，她在深圳一个小区的楼下租了个小店面，以卖客家农特产维持生计。她很想建一个我那样的小程序商城，不过她不舍得花数千元购买商业版的，因为小程序究竟有没有作用她心里也没底，我便建议她开通免费的小店小程序试试。

小店小程序的版面和功能可以用"简陋"两个字来形容，版面是固定的，不可以调整，就连小程序的标题也统一显示为"货架"两个字。

最难以接受的是小店小程序后续还不可以升级也不可以改名，一旦你的业务蒸蒸日上，却无法将小店小程序升级为功能更为丰富的商业版小程序商城，只能再注册一个小程序重新开始，此前积累的访客资源将严重流失。

过了好几个月，我问这位顾客小程序商城搞得怎么样，她说没什么作用，根本没人来买东西，她还为当初没有花钱买商业版感到庆幸。

运营建议

小店小程序的处境其实很尴尬，我通常都不建议创业者使用，因为没有扩展的空间，难以持续发展。我觉得，如果你想认真经营一个小程序商城，那么钱还是要花的，如果你只是跟风凑热闹，随便试试的，那么免费的东西你更不会认真对待。当然小店小程序也不是一无是处，比较适合那些兼职的微商或者农民创业者，作为自己展示和销售小众产品的平台。

本章小结

写作本书时，我看过许多小程序商城案例，发现大部分都是摆设，对日常营收贡献很小，甚至没有。做小程序绝对不是开通后就待客上门，重要的工作是做好产品、服务和推广。看了上面几个案例，接下来我们自己要怎么样走，心里应该有个底。总之，机遇和挑战并存，是放弃还是尝试，答案只能由你去选。

附录
疑问解答集锦

（一）入门篇

问： 目前用小程序开店，迟吗？

答： 不迟，未来三五年都还有机会，以后市场饱和了就比较难做了，这点可以参考淘宝。

问： 做一个小程序商城究竟要多少钱才比较合理？

答： 个人感觉每年三千元左右比较合理，我的就是这个预算，往后每年续费还可以打折，两千元左右。上到五千元的都算比较贵了，不差钱的话也就无所谓，毕竟每个人的消费能力不一样。

问： 去哪里找人做小程序？

答： 网上和地方都有很多这类小程序服务公司，可以自己上网搜索进行比较，实在找不到，或拿不定主意，可以加我微信，我给你推荐。

问：你现在用的小程序还好用吗？

答：好用！我以前就是做互联网这一块的，不好用我早就放弃了。功能比较齐全，很少宕机，而且经常更新升级，价格也适中，服务提供商的公司规模也较大。

问：在小程序开店卖什么好赚？

答：这个问题我没有答案，我要是知道做什么好赚，我就去做了。书中我也提供了几个项目构思，只作为参考，具体要开什么店，还是要根据自身实际情况而定。

问：卖农产品有"钱途"吗？

答：因环境和食品问题，人们越来越注重健康，绿色食品不论现在还是今后都是最受欢迎的。即使未来经济环境差了，人们可以不换车，可以不换手机，可以不看电影，也可以不去旅游，但是一日三餐一定要吃农产品。

问：只有身份证可以在小程序开店吗？

答：不行，必须要有《营业执照》，个体户和公司才能开店。

问：小程序每年还需要缴哪些费用？

答：如果是第三方开发的，小程序每年都需要续费，并非一次购买永久使用，此外每年还要缴纳 300 元认证费给腾讯。

问：除了微信小程序，还有哪些主流小程序？

答：还有支付宝小程序、百度小程序、字节跳动小程序。

问：做微信小程序好，还是做支付宝小程序好？

答： 除了微信小程序，其他小程序我都没用过。不过，每一种小程序都有人看好，都有人在用，很难说谁好谁不好，只有适不适合自己的问题。个人认为不要太多心，做好一个小程序就不错了。支付宝，我只是用来收款和付款才会登录一下，大部分时间在微信上，所以习惯使用微信小程序，而且微信是一个社交软件，揽客更方便。

问：小程序上开店，腾讯是否需要收取佣金？

答： 没有佣金一说，但是腾讯需要收取营业额 0.6% 的提现手续费，如果你一天营业额 1 万元，腾讯就要扣除 60 元。

问：小程序上面的货款要什么时候才能到账？

答： 微信通常是在第二天凌晨打入你的银行账户。

问：小程序到期后，想换另外一家服务商，数据能迁移过来吗？

答： 不行，每家的小程序的数据库架构都不一样，无法直接导入，只能重新录入。

问：参加了一个小程序会销，花了一万多买了一个小程序账号，值不值？

答： 这类会销基本都是洗脑讲座，专门忽悠那些中小企业老板。

问：有公司报价 3800 元帮我做一个小程序商城，但我听说有的一千多就可以了，一直在犹豫中。我该怎么办？

答： 时间就是金钱啊！互联网产品要越早做才越有机会。3800 元也不算贵得离谱那种，如果认为适合，可以出手。一千多元的肯定也有，最便宜的几百块的我都见过，有决心去做的话应该尽快行动，不差这一千几百元，又不是一百多万元，自己喜欢就好。

问：购买小程序，除了价钱问题，还有哪些需要重点考虑的因素？

答：要考虑的还有很多。例如服务商是否具有规模，一些小公司搞的，说不定他倒闭了你都还没倒闭，一旦他们关门，服务器不续费了，你的商城就没办法运作了，重新找新的服务商又要花费精力和时间，如果持续一段很长的时间未能访问，对业务的影响将非常严重。服务商是否专业也很重要，有些小程序只是拿了别人的代码修改下，再架设台服务器就开卖的，代码很多年也不升级一次，很多 bug 都没修改。另外，我在书中也多次强调，如果不提供 App 版的后台管理，我建议不要用，总不能接个订单都要回去对着电脑操作，就算有 H5 版的也不好用，访问和操作都不畅顺。

问：小程序开店是不是真的有你说得那么有前景呀？

答：因人而异，对一些人来说可能是金矿，而对另外一些人则毫无用途，最好结合自身实际，进行独立思考。

问：我怕花钱开了店之后没人来买东西，白白浪费钱。

答：确实有这种可能，不过我觉得如果有决心去做的话不会是这种状态，一句话就是，看你是否愿意全身心投入。

问：是先办好证件再买小程序，还是先买了小程序再办证？

答：先办好证件，再注册小程序账号，然后购买小程序。因为没有证件的话，就算上传小程序也无法通过平台审核。

问：买了你这本书，有不懂的可以问你吗？

答：完全可以，可以加我微信交流。不过我平时要卖农产品，比较忙，有些不是很复杂的可以网上找找答案，实在搞不懂的可以问我。

问：你喜欢你目前的工作状态吗？

答：当然喜欢，平时可以出去走走，还有适当的劳动，身体也好多了，这种状态不错。以前是键盘侠，坐的时间长了，不是这儿痛就是那儿痛。

（二）推广篇

问：你觉得哪种推广手段效果最好？

答：当然是线上的推广效果最佳，主要是微信群、公众号、微信好友圈子的推广，几乎不用什么开销，花点时间即可。

问：在微信群做推广不会被骂吗？

答：不刷屏的话，很少会被骂的，实在不喜欢的话，群主最多也只是把你踢出去。

问：推广上有没有遇到尴尬的事？

答：就是不小心把广告发去了家长群和同学群，这些群的关系都很微妙，不适合在上面推销自己的生意，所以我都退出了，不影响人家交流。

问：你有多少微信好友？加入了多少个微信群？

答： 几个微信号加起来大约有 2 万人吧，微信群一千多个。

问：你有用微商软件去加人吗？

答： 从来没有，用这类软件风险很大，容易被封号，而且加来的人多数都不是目标客户，如大海捞针，没有意义。

问：你的微信好友主要来源于哪里？

答： 刚开始做的时候多数都是从我公众号的文章上找来的，后来在微信群发广告也有部分人添加我，到现在主要是顾客介绍来的，前两者基本很少了。

问：经常要推广，会不会很烦？

答： 没有呀，推广也要掌握频率，例如好几个月我才会群发一次给微信好友，微信群也要两三周才发一遍，总不能天天给人家发广告。

问：你平时主要使用什么推广工具？

答： 要么人工发，要么用按键精灵，没有其他的了。

问：你的推广效果如何？

答： 不错，因为我针对当地人推广，目标用户比较精准，下单比例会相对高一点。

问：有一种朋友圈收费广告你做过吗？

答： 做过一次，花了 1000 元，可能只带来了几个客吧，转化率极低。很多人都没留意看这种朋友圈广告的，都是无意中一刷而过，但是腾讯也算作被看了一次。会点击进入购物的就更是少之又少了，如果售卖的是利润较低的商品做这种广告并不划算，它更适合大企业做品牌推广多点。

问： 你有发朋友圈做推广吗？

答： 当然发了，微信好友数量比较庞大，怎么浪费这么好的资源。不过我平均每天也就发个五六条吧，除了推销产品的，也会分享平时日常生活的感悟。

问： 发朋友圈有什么技巧吗？

答： 就是不要一下子连续发多条，这样有刷屏的嫌疑，每隔数小时发一条效果最好，我习惯在早上、中午、下午、夜晚各发一条。而且不要每一条内容都是广告，可以发点和生意无关的话题。

问： 你有做线下推广吗？

答： 做过，但很少做，线下推广开销大，引流效果也差，很少人有闲情去扫小程序码的。如果为了提高知名度可以一试，光是为了引流带动销量则成本太高。

问： 小程序的主要流量入口是在哪里？

答： 就我个人实践来说，主要的流量入口依次是会话框、任务栏最近使用、小程序历史列表、任务栏我的小程序，其他的诸如长按二维码、扫一扫二维码、公众号菜单、发现入口我的小程序，这些入口带来的流量少得可忽略不计。可见大部分流量都来自微信对话或微信群对话，令我大跌眼镜的是极少人从"发现"入口打开小程序。

问：推广小程序有什么"绝招"可以透露一下吗？

答："绝招"在我书中有提到过，就是使用小程序发布一些搞笑逗乐小视频，或者一些经过核实的地方热点警情小视频，然后分享至微信群。这招引流效果非常好，毕竟好奇心人皆有之，不过内容一定要把握好尺寸，别一不小心就成了"造谣者"。

问：小程序可以像网站那样做 SEO(搜索引擎优化) 来提高流量吗？

答：小程序做搜索优化的操作空间非常小，小程序的搜索权重与其访问量、用户评分、上线时间、名称等有关，而这些内容不是说改就能改的。唯有小程序简介一个月可以改 5 次，可以在简介这块匹配一些你想要的关键词。

问：开通"附近的小程序"推广效果会如何？

答：效果很差，如同鸡肋。没几个人会打开"附近的小程序"寻找小程序，而且里面小程序较多，能留意到你小程序的人就更少，反正我从来不从"附近的小程序"找小程序。

问：我做大米生意的，也打算开个小程序商城卖米，但觉你书中介绍的推广方式见效太慢了，可能比较适合小打小闹的小店。我打算投入几十万元的大米到各大小区做推广，关注小程序就赠送几斤大米，这样操作你觉得可行吗？

答：跑得越快，跌得就越狠。小程序推广其实是一个循序渐进的过程，需要不断调整策略，用最低成本做最好的推广。资金允许，花几十万做赠品来吸引群众添加小程序也未尝不可，毕竟有钱任性，但这样的推广方式性价比会如何呢，下面我就来帮你算笔账。假如每人赠送一袋 2 斤重的大米（1 斤的话也太难看了），成本大约要 5 元 / 袋，投入 20 万元就可以送出 4 万袋，考虑到还有人员报酬、运输、餐饮、场地等开支，总投入预计要 30 万元，就算不考虑无效流量，获客成本也高达 7.5 元 / 人。而且这种推广方式很多是冲着礼品来的，一个家庭老老少少都会来领取，会产生一半以上的无效流量，复购率就能难说了。这种操作还不如每月花 2000 元雇一个兼职，每天帮你加群分享小程序卡片，获客成本不过高于 1 元 / 人。

问： 你有在抖音上做推广吗？

答： 偶尔玩一下，因为没那么多精力去打理。

（三）经营管理篇

问： 你现在做小程序卖农特产每月能赚多少？

答： 个人财务问题不便公开。但可以肯定的是，除开各种开支，收入比去大城市打工做白领好，或者不相上下，当然想指望短期赚大钱那是不现实的。经济收入是一方面的考量，关键要自己干得开心，我喜欢的是这种生活状态。

问： 我开的店没有一个人来下单，怎么办？

答： 罚你再认认真真从头到尾看看这本书。不是开了店就坐等客人上门那么简单，真的有太多事情要去落实了，一点一滴地去积累吧，别急功近利。

问：你卖的东西有多少是比较畅销的？

答：基本上遵循"二八"定律，大约 20% 的商品贡献了 80% 的营业额，很多东西销量都是很低的，作陪衬的，所以重心还是要做好这 20% 的产品。

问：一开始的时候订单比较少，会不会亏本？

答：由于订单量不足，刚开始的阶段很有可能亏本。我一开始的投入就比较少，初创期处于微亏状态吧。

问：你的运营战略是什么？

答：刚开始主要是做流量，做口碑，积累用户，还没考虑盈利。积累了一定的用户群之后，就要对用户和产品进行深挖。

问：一天要有多少个订单才能维持收支平衡？

答：个人感觉起码要 30 个订单以上，而且平均每单毛利要在 25 元左右。

问：怎么样提升口碑？

答：说到底还是做好质量和服务，广告做得再好，没有质量和服务大家还是会用脚投票的。当然，人无完人，质量和服务方面肯定会出各种各样的问题，只能说尽量避免出问题，做到宁缺毋滥，时间长了，大部分人都会认为你卖的东西比较靠谱，形成了口碑。

问：像你这样配送法，要雇人，要加油，还要租仓库，小本生意伤不起呀！

答：只靠你自己，订单少的话还可以应付过来，订单多了就力不从心了。刚开始创业的时候为了节省成本可以单枪匹马，要持续发展则需要团队作战，一起付出，一起分享成果。

问：手上资金不到一万元，没办法搞啊！

答： 一万元算多的了。刚开始时我只在微信朋友圈卖本土的小红豆，没有其他任何农特产，红豆卖完了第一批再入货第二批，启动资金估计就花了几千元，仓库用自己的旧房子，也没登记个体户。过了几个月见发展势头不错才不断增加产品，然后搭建小程序进行销售。所以，没有资金的话，我们就应该从小做起，不断积累。

问：我已经搭建了小程序，但是顾客还是习惯在微信上找我买东西，怎么样将他们引导到小程序下单？

答： 这个问题我书中已经介绍了解决方案。要在小程序上给顾客一些实惠，例如优惠券、满减送。微信上找你买一样东西要 10 元钱，但在小程序上领券后只要 9 元，顾客很快就会跑到小程序去。

问：如果小程序万一被封了，岂不是一无所有？

答： 这是很多人担忧的问题，包括我自己，由于失误或者说不清的原因被封也不是没有可能的事，一旦被封那可真是前功尽弃。不过如果你建立了个人品牌，有了口碑和知名度，凭着这些个人影响力依然可以换个方式东山再起。所以不要为了卖货而卖货，打造个人品牌才能有备无患。

问：小程序分销功能实用吗？

答： 那得看什么产品，像我这类农特产的话，由于利润相对来说不高，进行分销的吸引力不大，分销更适合高价产品。我没做过小程序分销，主要是农特产的存货很难保证，分销的话，买的人多了可是货又供不上。之前我也有几个微信上的经销商，都是卖了一段时间就没积极性了，她们觉得收入太少了，不值得浪费精力。

问：在小程序开了两年店，还是一无所获，还值得坚持吗？

答：不管做什么，能坚持下去的毕竟是少数，所以放弃也是很正常的事。做了两年没赚到钱，也没积累到什么客户资源，换作谁都不会再有动力，毕竟人要吃饭，如果有更好的出路，那就放弃吧。如果只是没赚到钱，但是客户资源在不断上升，那还是很有希望的，可在销售上进行调整，争取把营收提上去。

问：你觉得做面向全国的生意好，还是针对地方的生意好？

答：这没有标准的答案，视自己的能力而定吧。面向全国，市场盘子大，固然是好，但小程序的推广很难落实。做地方性的生意虽然用户群比较局限，但推广上很有针对性。

问：除了小程序，你还有其他销售渠道吗？

答：我没做实体店和淘宝，销售渠道除了小程序就是微信，例如一些大客户因为要议价，所以就没在小程序下单，直接微信联系我购买。

问：你经营小程序过程中遇到的最大危机是什么？

答：业务上其实没什么危机，不过危机隐藏在自己的言行上。我平时会在朋友圈表达各种个人观点，自我感觉言论很普通，也没突破什么底线或者反对什么，不过这都是自以为是，因为掌控这种言论尺寸标准的人在上面。我就因为转发网易 App 上某篇新闻（附上个人评论）到朋友圈，被地方有关部门约谈，差点被封号没生意做，因为有些个人观点被领导认为是"负能量"。这方面大家要引以为戒，你如果没经历过，总容易放松警惕。

问：看你的小程序，只有一个商城系统和一个内容管理系统，是不是一直都这样？

答：不是的，在不同的发展阶段我会进行相应的调整，每隔几个月我就会升级一次小程序，不过现在基本稳定。

问：有些未能确定重量和总价的商品，例如鲜鸡，你是如何销售的？

答：这类商品我一般都是采用货到付款的方式进行销售，先在小程序下单交1分钱定金，鸡称好重量之后送过去再收款。我曾经也试过按只定价销售，例如每只75元（保证2.5斤以上），但实践了一段时间后发现问题比较多，因为鸡都是有大有小的，重量具有不确定性，偏大则成本重，偏小则顾客有意见。

后记 |

2018 年年底我就开始计划写作此书，但由于喜添新丁，家里忙得团团转，加上平时卖货有许多琐碎的工作要做，所以一直都抽不出时间来写。直到 2019 年三月份之后，才强迫自己挤出了一点时间来写稿，经过大半年时间的码字，到了十月底终于完稿了。

写作此书之前，我也看过一些同类的书籍，要么是成功人士的说教，要么是行业作者的知识汇总，他们善于讲"轻松赚到百万"的故事，又或能从专业的角度来对小程序创业进行理论分析。可我并非成功人士，也不具备这些看过之后很快就会忘掉的理论知识，我决定从一个实践者的视角，来记录小程序微商创业者的真实细节，这就是本书的写作总思路。

哈佛大学一位校长曾经说过，教育的目的是培养你有辨别是非的能力。每本书的内容，每个人的观点都不会是金科玉律，就算政治人物、明星、富豪，光环褪去后，其实也是一个要吃喝拉撒的普通人。这本书讲的只是我个人的经历、个人的做法，我绝对不是导师，聪明的读者应该有自己的想法、做法，走一条适合自己的路，而不是一味模仿。

本书所有内容均为原创，写作过程中并未参考或复制网上资料，定稿时也力求做到文字精简而不浪费纸张，一些在网上能搜到的相关技巧、方法就不再在本书赘述。

如对本书内容有疑问，或者在创业过程中出现问题，欢迎和我交流，一起探讨解决方案。

此外，本书写作过程中得到了以下人士（排名不分先后）的支持或鼓励，在此一并向他们表示感谢：温世晓、项龙、余庆庆、温朝钧、温明昊、杨品、杨晶、黄昭赞、徐志中、邓国智、柯所、李孔超。